Wilson Nascimento Ph.D.

Implantação da
CULTURA COACHING
em organizações

Copyright© 2015 by Editora Ser Mais Ltda.
Todos os direitos desta edição são reservados à Editora Ser Mais Ltda.

Presidente:
Mauricio Sita

Diagramação e projeto gráfico:
Candido Ferreira Jr.

Capa:
Marcelo Carloni

Revisão:
Samuri José Prezzi

Gerente de Projetos:
Gleide Santos

Diretora de Operações:
Alessandra Ksenhuck

Diretora Executiva:
Julyana Rosa

Relacionamento com o cliente:
Claudia Pires

Impressão:
Imprensa da Fé

Dados Internacionais de Catalogação na Publicação (CIP)
(Câmara Brasileira do Livro, SP, BRASIL)

Nascimento, Wilson
Implantação da cultura coaching em organizações /
Wilson Nascimento. -- São Paulo : Editora Ser Mais,
2015.
Dissertação (Doutorado) - Florida Christian
University.
Programa de Doctor of Philosophy in Business
Administration. Orlando - Flórida - EUA.
Orientador: Profº. Dr. Anthony Portigliatti, Ph.D.
Bibliografia.
ISBN 978-85-63178-88-6

1. Administração de conflitos 2. Coaching
3. Comportamento organizacional 4. Cultura
organizacional 5. Desenvolvimento pessoal
6. Organizações - Administração 7. Programação
neurolinguística I. Título.

15-10140   CDD-658.3124

Índices para catálogo sistemático:
1. Coaching : Administração de empresas 658.3124

Editora Ser Mais Ltda
Rua Antônio Augusto Covello, 472 – Vila Mariana – São Paulo, SP
CEP 01550-060
Fone/fax: (0**11) 2659-0968
Site: www.editorasermais.com.br e-mail: contato@revistasermais.com.br

AGRADECIMENTOS

Agradeço ao grande Arquiteto do Universo e a todas as entidades celestiais que guiaram o meu caminho nesta jornada.

À minha família que apoiou e entendeu os dias e noites que passei pesquisando, sacrificando assim a minha convivência com eles.

Ao meu sócio e amigo Prof. Douglas de Matteu Ph.D. que sempre me auxilia e divide as jornadas entre treinamentos e os trabalhos no escritório.

À equipe de professores e alunos da FCU que efetivamente contribuíram para a minha formação.

Em especial à Marcia G. Marthas por disponibilizar seus conhecimentos e paciência na construção deste projeto.

DEDICATÓRIA

Dedico esta obra a minha filha Maria Clara *(in memorian)*, que mesmo partindo tão cedo sei que torce todos os dias por mim e que com ela aprendi que devo valorizar diariamente as pessoas que estão ao meu lado.

"Que os vossos esforços desafiem as impossibilidades, lembrai-vos de que as grandes coisas do homem foram conquistadas do que parecia impossível."

Charles Chaplin

PREFÁCIO

A complexidade do mundo moderno exigiu que ocorressem mudanças em vários setores da sociedade. Sentimos que novos valores pessoais surgiram e, assim, refletiu no cotidiano das organizações levando a um repensar, inclusive nas competências requeridas para as lideranças.

Além das mudanças tecnológicas, a abertura de mercado, as novas profissões que surgiram e as características oriundas das pessoas refletiram de forma significativa no processo de gestão das empresas.

A própria redefinição de mercado é um marco para que possamos identificar a complexidade do mundo contemporâneo, ou seja, o consumo de bens e serviços adquiridos de forma prática pela tecnologia e exigindo que as pessoas estejam mais próximas de seus fornecedores e consumidores. Porém, deve-se levar em consideração que o processo seja mais intimista, valorizando os aspectos mais humanizados.

É importante que possamos conhecer nossos colaboradores e parceiros mais de perto e, assim, o Prof. Dr. Wilson Farias Nascimento, autor desta obra, levou-nos a refletir sobre essa nova condição de forma brilhante e representativa.

A Cultura *Coaching* é abordada de forma clara e objetiva, conduzindo o leitor ao entendimento da mudança no ambiente organizacional, conhecendo seus participantes e a trajetória da implantação de um novo método que irá refletir em todo o universo da organização.

A pesquisa da literatura embasada em Edgar H. Schein e alinhada com os níveis Neurológicos de Robert Dilts conduziram a uma nova metodologia: PERFORMA.

A análise de casos reais relatados no texto favorece o desenvolvimento e o entendimento do método e possibilita ao leitor uma revisão da cultura organizacional e a implantação da Cultura *Coaching* como nova ferramenta de mudanças nas organizações, favorecendo o desempenho de líderes e liderados.

Outro aspecto importante do estudo refere-se às quatro dimensões do comportamento: como enfrentar os problemas e desafios, como influenciar as outras pessoas, como reagir ao ritmo dos acontecimentos à sua volta e como lidar com as regras e procedimento estabelecidos pelos outros.

Com as quatro dimensões obtém-se um resultado satisfatório de mudança de cultura que conduz a organização ao sucesso e à obtenção de seus objetivos.

O autor demonstra que, com a pesquisa científica, pode-se analisar, repensar e pensar em mudanças, direcionando seu olhar com mais profundidade para as necessidades das organizações e, principalmente, das pessoas.

A obra apresenta um material de grande representatividade, uma fonte de pesquisa e de estudos para acadêmicos e profissionais que buscam sucesso e realização.

Teresinha Covas Lisboa
Pós-Doutoranda em Administração – FCU
Doutora em Administração, Mestre em Administração
Hospitalar, Especialista em Administração Hospitalar,
Especialista em Didática do Ensino Superior

Para mim, o Dr. Wilson Nascimento é sinônimo de foco e resultados. Além de desfrutar sua boa amizade, recebo sempre dele ânimo e bons conselhos cheios de sabedoria. Após muitos anos de preparo, certificações e graus acadêmicos na área de *coaching*, hoje Wilson expressa de forma magistral seu conhecimentos práticos e ao mesmo tempo profundos que com certeza conseguiram transformar sua vida como líder e a vida da sua organização. Eu espero que você desfrute da leitura e algum dia tenha a oportunidade de presenciar ao vivo este grande comunicador.

Dr. Benny Rodriguez
Master Coach / Psicólogo Clínico
CEO UPEAK International
Orlando, FL - USA

Tive o prazer de trabalhar com o Dr. Wilson Nascimento em diferentes projetos de *Coaching* nos EUA, uma das áreas onde atuo. Descobri um profissional supercapacitado e determinado. Como Coach, demonstra, através de suas ações e sua história pessoal, o poder do *coaching* na área pessoal e profissional. Sua humildade e seriedade foram as marcas deixadas em um evento onde demonstrou sua arte e habilidade em transformar vidas e criar resultados. Sua leveza de linguagem e objetividade lapidaram sua reputação como profissional internacional.

Dra. Adriana Mirage
Escritora/ Master Coach

Extremamente incrível e objetiva a abordagem feita pelo Coach empresarial Wilson Nascimento. Ele é capaz de traduzir, em poucas palavras, aquilo que assusta o profissional da saúde médico/empresário. Conduz-nos pelos caminhos desafiadores através do questionamento de nossas crenças. Isso ocorre com incisões pontuais e certeiras. Orienta, também, o poder da celebração e a leveza de cada conquista. Induz ao autoconhecimento, à autogestão e à melhoria das nossas habilidades.

Dra. Silvana Kesrouani
Médica e Diretora Geral dos Institutos de
Nefrologia de Suzano e Mogi das Cruzes/SP

Wilson tem as habilidades necessárias para desenvolver líderes. Com técnica, serenidade e carisma, ele não julga as pessoas, simplesmente as compreende.

Jurandir Bianchi
Engenheiro civil e Presidente
da incorporadora J.Bianchi

Dentre as dezenas de bancas de defesas de teses e dissertações que tive a honra de participar na FCU – Florida Christian University, sem dúvida o trabalho apresentado pelo Prof. Dr. Wilson Nascimento foi um dos que mais me convenceu de que vale a pena investir na Educação e no desenvolvimento das pessoas para lhes possibilitar apresentar ideias criativas e de real utilidade para a comunidade empresarial.

Dr. Fernando Pianaro
Coach, Professor universitário

Wilson Nascimento é um profissional que tem demonstrado um caráter de excelência no seu trabalho e na sua vida pessoal. Com seu carisma e profissionalismo, ele tem se empenhado no cumprimento de sua missão de vida. E, como prova disso, seu testemunho tem sido um diferencial na vida das pessoas com as quais ele tem se relacionado. Independentemente da posição que esteja ocupando, quer seja como empreendedor, docente, discente, escritor, Coach, etc., ele sempre se mantém como um referencial.

Dra. Josie Oliveira
Coordenadora Acadêmica da Florida
Christian University – EUA

O Prof. Wilson Nascimento, Ph.D., vem há anos desenvolvendo com maestria a arte do *Coaching* em diversas dimensões, seja em formações em *Coaching*, em programas de desenvolvimento da Liderança e principalmente no seguimento de *Business Coaching*. Nessa obra, conseguiu fazer uma importante conexão entre o *Coaching* e a Cultura Organizacional, sinalizando caminhos para implantação de uma Cultura *Coaching*, que preconiza Resultados com Humanidade e pode levar as organizações ao aumento da competitividade e consequentemente alta performance organizacional. Imagine como seria uma organização onde o foco seja realmente e verdadeiramente alta performance.

Prof. Douglas de Matteu Ph.D.
Diretor Presidente da IAPerforma,
Master Coach e Escritor

O autoconhecimento é a base para alcançarmos a alta performance. O Wilson, através de ferramentas sólidas e com muita sensibilidade, fez uma leitura do meu perfil muito precisa. Este processo foi fundamental para meu crescimento, potencializando assim meus resultados.

Lysia Henriques
Gerente Comercial da TV Diário
Afiliada Rede Globo

O Wilson me convidou para uma viagem com direito a acompanhante desconhecido. No começo tudo parecia leve. Mas no caminho o acompanhante passou a me incomodar. Quanto mais eu o conhecia, mais ele me inquietava. Até eu descobrir que o acompanhante era meu próprio perfil profissional. A viagem da mudança continua.

Dino Rodrigues
Gerente de Jornalismo da TV Diário
Afiliada Rede Globo

Nós fizemos o Assessment de todo nosso grupo de gerentes e o Wilson me mostrou com muita competência e numa linguagem simples todos os aspectos comportamentais e motivadores de cada um. Isso me possibilitou melhorar minha comunicação com eles e principalmente nossa performance, pois, além de cada um se conhecer melhor, consegui ter uma visão mais aprofundada e técnica de como cada um pensa, reage e tende a se comportar nas mais diferentes situações. Foi e continua sendo uma experiência sensacional.

Renato Cocenza
Diretor de Operações da TV Diário
Afiliada Rede Globo

LISTA DE FIGURAS

Figura 1. Iceberg Organizacional ──────── 32
Figura 2. Forças a serem consideradas no processo de mudança organizacional ──────── 53
Figura 3. As fases do processo de mudança ──────── 55
Figura 4. Cultura *Coaching* ──────── 69
Figura 5. Modelo de mudança incremental ──────── 93
Figura 6. Níveis neurológicos ──────── 95
Figura 7. Os três níveis da cultura organizacional ──────── 96
Figura 8. Modelo PERFORMA para desenvolvimento de uma Cultura *Coaching* ──────── 98

LISTA DE TABELAS

Tabela 1. Tipologia de Goffe e Jones ──────── 39
Tabela 2. Tipologia de Schneider ──────── 40
Tabela 3. Cronologia *Coaching* ──────── 46
Tabela 4. Benefícios da Introdução da Cultura *Coaching* ── 64

SUMÁRIO

INTRODUÇÃO ——————————————— 19
CAPÍTULO I ———————————————— 23
CULTURA

1 Cultura Organizacional ————————————— 27
1.1 O Iceberg organizacional ————————————— 32
1.1.2 Elementos da cultura organizacional ——————— 34
1.1.3 Tipologias da cultura organizacional ——————— 38

CAPÍTULO II ———————————————— 43
COACHING

2 Cronologia do Coaching ————————————— 46
2.1 Coaching no Ambiente Organizacional ——————— 51
2.2 Desenvolvimento Organizacional ————————— 52
2.2.1 O processo de desenvolvimento organizacional —— 54
2.2.2 Estágios de mudança de James Prochaska ————— 56

CAPÍTULO III ———————————————— 59
CULTURA COACHING

3 Benefícios da Introdução da Cultura Coaching ———— 62

CAPÍTULO IV ———————————————— 73
ANÁLISE DE PERFIL COMPORTAMENTAL

4 Caso Prático – Análise de Perfil Comportamental ———— 81
4.1 Estratégias de Apoio e Manutenção ——————— 82

CAPÍTULO V ————————————————— 85
MUDANÇA DE CULTURA

5 Implantação - níveis estruturais da cultura coaching ——— 92
5.1 Componentes da cultura organizacional ——————— 96

CONSIDERAÇÕES FINAIS ———————————— 101
REFERÊNCIAS BIBLIOGRÁFICAS ———————— 107
SOBRE O AUTOR ——————————————— 111

INTRODUÇÃO

As constantes mudanças do mundo contemporâneo exigem atenção permanente das organizações. A gestão dessas mudanças é imprescindível para que a organização seja capaz de apropriar-se dos fatores incontroláveis e transformá-los em oportunidades de crescimento e potencialização de seus negócios.

É notório que tais mudanças, sejam elas de cunho técnico, cultural e/ou econômico, refletem no exercício da função dos colaboradores e cabe aos gestores propiciarem meios que façam com que tais mudanças sejam vistas como oportunidades de crescimento por sua equipe.

Algumas organizações desenvolvem culturas tão rígidas, capazes de construir uma barreira inflexível a qualquer novo processo, que tal situação desenvolve nos indivíduos crenças de que toda e qualquer mudança deve ser vista como sinal de ameaça e perigo. Reto e Nunes (2010, p. 79) afirmam que "os processos de mudança são frequentes nas organizações contemporâneas, bem como a observação de atitudes de resistência dos colaboradores a esses processos". A resistência pode sinalizar a dificuldade de compreender a mudança e seus benefícios.

É preciso compreender que a condução adequada da equipe, frente às mudanças contínuas, favorece, entre diversos aspectos, a percepção e o reconhecimento do indivíduo. Mascarenhas (2008, p. 224) aponta que o desenvolvimento deve "reconhecer os interesses, as relações sociais, as emoções, os julgamentos, as interpretações e as necessidades individuais e coletivas, que seriam parte do sistema organizacional e deveriam ser incorporados ao fluxo de mudanças".

Esse pensamento afirma o papel da organização como condutor deste processo, de modo a auxiliar seus colaboradores através de meios que os levem a compreender e significar os processos de mudança.

Como então conduzir e manter uma equipe produtiva e motivada frente a um cenário de constantes mudanças?

O coaching certamente é uma das ferramentas que pode conduzir a organização em prol do desenvolvimento contínuo, auxiliando os colaboradores de diferentes níveis a ressignificarem as mudanças e a potencializarem as suas ações em prol de melhores resultados.

Sob a ótica do quão potencializador o coaching pode ser para uma organização, tem-se como problema de pesquisa: como implantar uma cultura coaching?

Introduzir uma nova cultura no ambiente organizacional pode ser um grande desafio, pois os hábitos e crenças adquiridos ao longo de anos num ambiente possuem grande força. E romper com hábitos tão enraizados demanda conscientização e estudo.

A cultura organizacional norteia e condiciona as ações dos colaboradores, pois, como afirma Chiavenato (2010, p. 173), "[...] a cultura organizacional é uma forma de interpretação da realidade organizacional e constitui uma modelagem para lidar com questões organizacionais".

Sendo assim, as ações de todos os colaboradores de uma organização serão baseadas em sua cultura, mesmo que algumas dessas situações aconteçam de maneira inconsciente.

Supõe-se que o coaching pode gerar uma vantagem competitiva sustentável para as organizações, através da implementação e manutenção da Cultura Coaching, e que esta vantagem está explicitamente atrelada ao desenvolvimento das pessoas.

O objetivo deste livro é apresentar como a implantação da Cultura Coaching é capaz de contribuir para o aumento de performance da equipe e resultados da organização.

Tal estudo se faz relevante, pois as inovações tecnológicas e a globalização geram mudanças constantes a que as organizações devem estar atentas e se posicionando de forma a garantir resultados e vantagem competitiva sustentável.

Para garantir tais resultados, o coaching oferece ferramentas para potencializar os resultados da organização, considerando sua cultura organizacional. Nesse sentido, surge o processo de coaching como estratégia de desenvolvimento humano e organizacional, desenvolvendo aspectos como valores, crenças, identidade e competências.

A adoção à Cultura Coaching no ambiente organizacional pode promover o desenvolvimento de características extremamente benéficas para a organização e os indivíduos que se relacionam com ela, a saber, clientes internos e externos.

A Cultura Coaching é poderosa e mutável e, por isso, é imprescindível que as organizações estejam atentas e possam nortear seus colaboradores para que todas as mudanças naturais de seu percurso sejam balizadas por estruturas sólidas de gestão.

O comportamento da liderança deve ser observado e estudado a fim de compreender se tais atitudes auxiliam o desenvolvimento dos liderados e por consequência dos resultados da organização como um todo. Para adotar uma nova cultura é necessário compreender o estado atual da organização e perceber todas as caraterísticas que já estão enraizadas pelo grupo, para então propor mudanças e repensar comportamentos.

Gestão voltada à implantação de uma cultura no ambiente organizacional se faz um tema pertinente, pois, como já apresentado, as organizações atuam sobre a pressão de inovações e mudanças constantes. E é preciso estar atento ao reflexo que tais mudanças possam gerar no comportamento de seus colaboradores, para potencializar todos os aspectos positivos já existentes e minimizar qualquer comportamento que não esteja de acordo com os ideais da empresa.

A construção deste livro se desenvolveu a partir de levantamento bibliográfico, visando a coleta de informações acerca dos temas principais da pesquisa, com o objetivo de explorar o estudo do tema já realizado por outros autores.

Metodologicamente, o livro fundamenta-se em referenciais teóricos com método exploratório e descritivo, privilegiando, inclusive, o estudo de caso de empresas que adotaram o coaching como ferramenta viabilizadora para mudança de comportamentos ou implantação do "pensamento" coaching em seus processos de desenvolvimento.

A partir das informações obtidas através do levantamento bibliográfico, foi possível contemplar os estudos sobre o tema a fim de desenvolver o referencial teórico da pesquisa e analisar o conteúdo histórico levantado por outros autores. Best apud Lakatos e Marconi (2011) apresenta a pesquisa descritiva através de quatro aspectos, a saber, descrição, registro, análise e interpretação de fenômenos atuais. O aspecto descritivo deste trabalho buscou possibilitar a compreensão e a análise dos dados investigados e quais informações tais estudos agregaram a esta obra.

CAPÍTULO I
CULTURA

"Para cada esforço disciplinado há múltiplas recompensas."
Jin Rohn

Os estudos referentes à cultura e de como as relações se desenvolvem ao longo do tempo demonstram o interesse em compreender como os aspectos culturais influenciam as ações dos indivíduos e das comunidades, dando significados diferentes às ações de cada um.

Etimologicamente a palavra cultura provém do latim *colere*, cujo significado está atrelado ao ato de plantar, colher e cultivar. Amaral (2005) afirma que na Roma antiga pensadores ampliaram seu sentido utilizando-o para referir-se a refinamento e sofisticação pessoal. Os dicionários atuais apresentam, entre alguns significados atribuídos ao verbete cultura, como um sistema de ideias, conhecimentos, técnicas e artefatos, de padrões e de comportamento e atitudes que caracterizam uma determinada sociedade.

Podemos observar então que seu significado é abrangente, pois compreende aspectos concretos/técnicos (ferramentas, artefatos) e comportamentais (atitudes). À medida que a vida primitiva foi se organizando, seu significado foi adquirindo outros sentidos que suprissem uma compreensão mais adequada aos novos períodos.

Quando se fala em cultura é preciso compreender que não serão extintos ou segmentados os aspectos técnicos e comportamentais citados anteriormente, pois, apesar de diferentes, eles em conjunto caracterizam a existência do grupo. A cultura de uma sociedade não pode ser medida apenas por seus elementos isolados, ela exige a percepção do todo para ser compreendida.

Os diferentes períodos históricos nos mostram que cada sociedade constrói hábitos particulares, mas que são compartilhados entre os mesmos indivíduos deste grupo.

Diferentes maneiras de pensar e manifestar-se são capazes de gerar grandes conflitos, pois, apesar da globalização ter aproximado cada vez mais pessoas de diferentes lugares, a capacidade de julgamento dos indivíduos pode tornar-se maior que sua flexibilidade, gerando ódio e intolerância.

O termo cultura, como é utilizado no período atual, abrange a compreensão de que cultura oferece aos indivíduos o direito à manifestação de suas crenças e à compreensão do multiculturalismo, a saber, como afirma Soares (2012), "é a situação de convivência entre tais grupos em um mesmo local", ou seja, mesmo que cada grupo adote culturas diferentes, é preciso que exista o respeito em relação à cultura alheia.

Conforme opinião de Amaral (2005), seria uma ideia simplista considerar que a evolução das sociedades dá-se de maneira simples e linear, pois "o destino de cada grupo deveu-se não só às formas de organização social, mas, sobretudo, à capacidade de superação dos conflitos gerados". Tal afirmação nos faz perceber que situações ditas como problemáticas podem ser encaradas como oportunidade de desenvolvimento do grupo e de sua cultura.

Caracterizaremos cultura e as adaptações que o significado deste verbo sofreu durante o tempo. Para apresentar alguns conceitos de cultura organizacional, vamos primeiro elucidar algumas definições do termo organização. Kunsch (2003, p.23) apresenta organização como "a expressão de um agrupamento planejado de pessoas que desempenham funções e trabalham conjuntamente para atingir objetivos comuns". Marchiori (2008) amplia esse conceito salientando que uma das principais características da organização é a interação humana, interação esta que acontece não só pela simples convivência de um grupo no mesmo ambiente, mas sim pela busca deste grupo por um objetivo em comum.

1 Cultura Organizacional

O estudo da cultura no ambiente organizacional surge no final da década de 70 e início de 80, com os estudos de Silverzweig e Allen, em 1976; Ouchi e Price, em 1978; Peters, também no mesmo ano; e Schein, em 1985, entre outros.

Tais estudos apontavam a necessidade de compreender alguns elementos compartilhados pelos indivíduos que atuam na mesma organização. Dentre os elementos destacados têm-se "premissas culturais, valores e crenças compartilhados pela coletividade" (MASCARENHAS, 2008, p. 19). Os autores argumentavam que através da compreensão dos fenômenos socioculturais dos indivíduos, as organizações poderiam alcançar melhor desempenho de sua equipe e consecutivamente aprimorar seus resultados.

A cultura organizacional pode ser definida como a personalidade de uma organização. Os fundadores de uma organização em geral são os agentes principais do desenvolvimento da cultura organizacional, pois é a partir da visão deles que as primeiras "regras comportamentais" são definidas.

A cultura organizacional, desse modo, é o conjunto de valores, crenças e entendimentos importantes que os integrantes de uma organização têm em comum.

Segundo Chiavenato (2010, p. 173), "a cultura organizacional representa as percepções dos dirigentes e colaboradores da organização e reflete a mentalidade que predomina na organização". Esta definição evidencia o quão a cultura organizacional é importante, pois diversas ações podem advir dela, sejam de melhoria ou não.

O autor aponta ainda que toda cultura compreende três níveis. São eles artefatos, valores compartilhados e pressuposições básicas.

- **Artefatos:** este é considerado o primeiro nível da cultura, o mais superficial. Os artefatos são todas as características superficiais que podem ser notadas por todos. Desde a maneira como as pessoas que trabalham numa organização conversam, se vestem, ou seja, tudo que possa indicar (visualmente ou auditivamente) um pouco sobre a cultura da organização.
- **Valores compartilhados:** o segundo nível da cultura. Os valores podem ser compreendidos como todas as justificativas que são aceitas pelos membros da organização. É tudo aquilo que dá razão ao que as pessoas fazem no ambiente de trabalho. É comum que estes valores surjam a partir dos fundadores da organização.
- **Pressuposições básicas:** o terceiro nível. As pressuposições básicas compreendem os aspectos mais intrínsecos da organização. Chiavenato (p.175, 2010) afirma que as pressuposições "são as crenças inconscientes, percepções, sentimentos e pressuposições dominantes nos quais as pessoas acreditam". Estes aspectos nem sempre são formalizados através de informativos ou falas padronizadas dos superiores.

Robbins (2004) também afirma que a personalidade da organização será notada pelos seus membros através das seguintes características:

- **Inovação e assunção de riscos:** o grau em que os funcionários são estimulados a serem inovadores e assumirem riscos;
- **Atenção aos detalhes:** o grau em que se espera que os funcionários demonstrem precisão, análise e atenção aos detalhes;
- **Orientação para os resultados:** o grau em que os dirigentes focam os resultados mais do que as técnicas e os processos empregados para o alcance deles;
- **Orientação para as pessoas:** o grau em que as decisões dos dirigentes levam em consideração o efeito dos resultados sobre as pessoas dentro da organização;
- **Orientação para a equipe:** o grau em que as atividades de trabalho são organizadas, mais em termos de equipes do que de indivíduos;
- **Agressividade:** o grau em que as pessoas são competitivas e agressivas, em vez de dóceis e acomodadas;
- **Estabilidade:** o grau em que as atividades organizacionais enfatizam a manutenção do *status quo* em contraste ao crescimento.

Esse conjunto de valores compartilhados não extingue a possibilidade de outras subculturas coexistirem junto à cultura dominante da organização.

Schein (1992) também apresenta seis pontos em comum abordados por diversos autores com relação à cultura nas organizações. São eles:

- Regularidades observadas no comportamento (Goffman, Van Maanen);
- Normas envolvendo grupos de trabalho (Homans);
- Valores dominantes numa organização (Deal e Kennedy);
- A filosofia que guia as políticas da organização (Ouchi, Pascale e Arthos);

- As regras do jogo que o novato deve aprender para fazer parte do grupo (Schein, Van Maanen, Ritti e Funkhouser);
- O clima e o sentimento de uma organização no trato com os de fora (Tagiuri e Litwin).

Esses pontos apresentam aspectos presentes nas organizações que caracterizam sua cultura. E é interessante notar que alguns aspectos citados podem ou não estar registrados nos documentos da organização. Alguns são apenas hábitos construídos ao longo de um período e que apenas as pessoas que fazem parte do grupo compreendem as "regras".

É certo que as mudanças influenciam a cultura organizacional, porém a identidade deve ser mantida para que os colaboradores possam aperceber-se dentro do local que estão acostumados a trabalhar e conviver, podendo serem alteradas as conexões, desde que mantido o eixo central. Convém ressaltar que, antes de ampliar questões como influências internas e externas, é preciso compreender porque o estudo da cultura organizacional é relevante.

Schermerhorn, John e Hunt (1999) apontam três aspectos importantes que comprovam a importância da cultura organizacional, pois, segundo os autores, a cultura organizacional define fronteiras para os membros da organização, pois as normas e regulamentos definem algumas atitudes das pessoas no ambiente de trabalho e facilitam a inclusão de novos membros no grupo, quando, então, a partir dessas normas, é possível conhecer algumas regras do grupo.

Outro aspecto levantado é que <u>a cultura apresenta procedimentos/métodos de abordar acontecimentos novos</u>, ou seja, ela garante que o colaborador irá saber como reagir em uma situação nova, pois ele irá basear sua ação a partir da cultura do meio em que está inserido.

O último ponto abordado é a capacidade da cultura em unir os indivíduos. Essa união facilitará a organização no alcance de objetivos em comum. Os autores acrescentam ainda que as pessoas buscam empresas que apresentem identidade em que acreditam e que possam, sobretudo, nelas notar alguma garantia de sucesso.

Os três aspectos apresentados mostram que as dimensões formais da cultura organizacional, tal como normas e procedimentos, são pontos que estarão associados aos elementos subjetivos, como comportamentos e atitudes dos indivíduos que fazem parte do grupo. Novamente podemos afirmar que os aspectos subjetivos não podem ser subestimados, pois a subjetividade é elemento fundamental para o refinamento e preservação da cultura organizacional.

A importância da cultura organizacional, segundo Robbins (2004), está, entre muitos aspectos, na capacidade da mesma em distinguir uma organização da outra, favorecer a noção de identidade dos membros e aumentar o seu nível de comprometimento. Quando a cultura não é compartilhada ou aceita pelos seus membros, ela tende a gerar muitos conflitos e alto índice de rotatividade, mas, quando a cultura é assimilada e acatada, a tendência é pela melhora do nível de comprometimento de todos.

Barbieri (2012) aponta ainda alguns pontos que conseguem tornar ainda mais explícita a importância da cultura no ambiente organizacional. Para o autor, ela distingue as organizações e assegura o desenvolvimento da identidade dos colaboradores com a organização, aumentando o comprometimento, servindo também como incentivador para estabilidade de toda a estrutura da organização e, conforme já abordado por outros autores, serve inclusive como norteadora dos comportamentos e atitudes dos funcionários em situações imprevistas.

Compreender em que consiste a cultura organizacional, como ela é sustentada e aprendida por aqueles que fazem parte do meio, facilita a capacidade da organização em prever possíveis comportamentos, corrigir suas falhas e propiciar o desenvolvimento de comportamentos que colaborem para obtenção de resultados positivos.

Os gestores devem estar muito atentos ao desenvolvimento da cultura organizacional, pois ela tem o poder de definir a missão da organização. Ela transmitirá as intenções da organização que nortearão as ações das pessoas do meio.

Quando em situação de conflito, as lideranças devem balizar suas ações na cultura da organização e nos casos em que os colaboradores estiverem em conflito com a cultura. Cabe também à liderança a responsabilidade de compreender e intermediar os valores e cultura do indivíduo com a cultura da organização.

1.1 O Iceberg organizacional

A complexidade do ambiente organizacional é apresentada por Passeto e Mesadri (2012) através de uma analogia a um iceberg. O iceberg, aquele grande bloco de gelo que se desprende das geleiras e flutua sobre as águas dos mares.

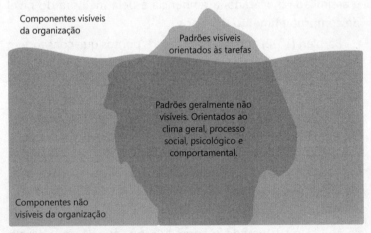

Figura 1 Iceberg Organizacional

Conforme ilustra a figura 1, o que fez os autores criarem tal analogia foi o fato de apenas 10% do iceberg estar visível sobre a superfície, enquanto sua maior área permanece submersa.

Nas organizações, tal situação não é diferente. É preciso compreender que os elementos visíveis não representam a totalidade da circunstância ou ambiente e se faz necessário investigar os pormenores para conhecer e compreender de fato a situação.

Selfridge, Sokolik *apud* Passeto e Mesadri (2012) citam, como componentes visíveis da organização, os seguintes elementos:

- Estrutura organizacional;
- Denominação e descrição de cargos;
- Rede de autoridade formal;
- Alcance do controle e níveis organizacionais;
- Objetivos organizacionais estratégicos;
- Politicas e procedimentos operacionais;
- Planejamento/sistema de informação;
- Políticas e procedimentos referentes ao pessoal;
- Unidades de mensuração referentes à produtividade física e monetária.

Podemos observar que tais elementos são de fato visíveis, porquanto eles compõem a estrutura da organização e estejam voltados à orientação para o cumprimento de tarefas.

A seguir, os componentes não visíveis da organização:

- Padrões de poder crescente e de influência;
- Visão pessoal das competências organizacionais e individuais;
- Padrões de grupos interpessoais e de relações divisionais;
- Sentimentos e normas dos grupos de trabalho;

- Percepção da existência de relacionamentos de confiança, de abertura e de comportamentos relativos à aceitação de riscos;
- Percepção do papel individual e dos sistemas de valores;
- Sentimentos, emoções, necessidades e desejos;
- Unidades de medida para contabilização dos recursos humanos;
- Relacionamento afetivo entre dirigentes e auxiliares.

Os elementos não visíveis, ao contrário dos elementos visíveis, estão muito mais relacionados aos processos sociais e comportamentais da organização.

Essa análise nos permite perceber que os resultados de uma organização são o reflexo dos itens dispostos acima. Caso os resultados não estejam de acordo com a expectativa, faz-se necessário observar os aspectos que compõem o todo para então compreender se a dificuldade encontra-se nos processos estruturais (componentes visíveis) ou nos aspectos comportamentais (componentes invisíveis).

Infelizmente ainda há uma tendência a dar atenção apenas aos aspectos visíveis do ambiente organizacional e esse hábito tende a esconder conflitos maiores que se encontram nos componentes invisíveis. Quando uma situação problemática é solucionada baseada apenas nos aspectos visíveis, há uma tendência que essa situação volte a se repetir, tendo em vista não ter sido investigada em seu âmago e, por isso, é provável que sua origem não tenha sido extinta e volte, portanto, a se repetir.

1.1.2 Elementos da cultura organizacional

Neste capítulo já foram citados alguns elementos que fazem parte da cultura organizacional, tais como procedimentos e hábitos. Determinados aspectos da cultura organizacional são compilados por alguns autores que perceberam semelhanças entre o que caracteriza a cultura no ambiente organizacional. Abordaremos aqui o composto utilizado por Araujo e Garcia (2010, p. 289), que conta com elementos apresentados por diversos autores.

. **Regras e regulamentos** – Elas são responsáveis por determinar as práticas dos colaboradores. É através das regras e regulamentos que cada indivíduo é capaz de saber quais ações são permitidas ou não naquele ambiente.

. **Ambiente organizacional** – Araujo e Garcia (2010) salientam que para Chiavenato (1999) o termo ambiente organizacional refere-se ao sentimento da pessoa e a interação entre seus pares e clientes externos. Soma-se ainda a esse aspecto a influência dos itens citados anteriormente (regras e ambiente), ou seja, um elemento terá influência sobre o outro, bem como a organização e seus colaboradores, com suas histórias e experiências se influenciarem mutuamente na construção do ambiente.

. **Microculturas** – Microculturas são costumes e hábitos cultivados dentro da própria organização, mas que são regidas por uma filosofia própria, o que não significa necessariamente que estas microculturas estejam em desacordo com a ideologia da organização.

. **Contraculturas** – Este tipo de situação acontece quando a cultura da organização sofre com a instalação de uma nova cultura adotada pelos colaboradores. A contracultura rejeita a filosofia da organização causando conflitos, pois as ações dos indivíduos estarão em desacordo com a postura que a organização espera.

. **Linguagem doméstica** – A linguagem doméstica se refere aos termos utilizados por um mesmo grupo e, segundo Chiavenato (1999), ela possibilita que membros de uma mesma cultura possam se identificar. Ela pode estar presente na cultura em versão macro e também na contracultura em versão micro.

. Ritos – Os ritos podem ser definidos como hábitos que inicialmente não estavam indicados em nenhum documento ou norma da organização, mas que, por acontecerem com certa regularidade, acabam se tornando aceitos por todos. Trice, Beyer apud Araujo e Garcia (2010, p. 291) definem os ritos como "atividades relativamente elaboradas e planejadas que combinam várias formas de expressão cultural e muitas vezes têm consequências tanto práticas quanto expressivas".

. Rituais – Os rituais, ao contrário dos ritos, seguem procedimentos detalhados que devem ser seguidos para serem concretizados. Podem ser utilizados nas atividades de rotina de trabalho e também nas atividades informais, como as comemorações de aniversário que algumas organizações concedem aos colaboradores no final do mês.

. Heróis – São os indivíduos que transmitem uma imagem positiva no ambiente interno e externo devido a suas realizações e por consequência estabelecem padrões de excelência na organização. Um bom exemplo que ilustra esse elemento é o caso das organizações que preservam a história de seu surgimento e utilizam a história de seus fundadores para desenvolver sua equipe e gerar comprometimento.

. Símbolos – Não são necessariamente sinais gráficos. Os símbolos podem ser mais sutis e por isso podem estar despercebidos. Os autores citam um exemplo que ilustra o que são esses símbolos na cultura organizacional: organizações que reservam salas em pisos diferentes para cargos específicos, adoção de baias, manter as portas das salas abertas ou não, etc. Alguns símbolos se tornam tão fortes que servem para que os clientes consigam identificar uma empresa ou marca.

. Mitos organizacionais – São histórias transmitidas dentro da organização através de conversas informais que acabam por tornar verdade, mesmo sem verificação de sua veracidade. Muitas vezes esses mitos norteiam as ações dos indivíduos dentro da organização e assim vão se enraizando cada vez mais no ambiente.

Os elementos de composição da cultura organizacional apresentados aqui refletem a complexidade de sua construção. É possível notar em diversos desses elementos que a informalidade das ações surge de forma sutil e aos poucos alguns hábitos se tornam tão fortes e fazem com que as pessoas adotem posturas sem ao menos compreender seu real motivo.

É evidente que isso não afirma que os aspectos comportamentais do desenvolvimento da cultura sejam algo negativo, mas sim que é preciso estar atento a como a cultura se desenvolve e assim utilizá-la como um meio de potencializar os colaboradores e gerar resultados positivos para a organização.

Devemos destacar aqui o impacto das mudanças na cultura organizacional e, inclusive, mensurar se as suas alterações estão realmente trazendo mais competitividade para a empresa.

> Cultura organizacional é o conjunto de pressupostos básicos que um grupo inventou, descobriu ou desenvolveu ao aprender como lidar com problemas de adaptação externa e integração interna e que funcionaram bem o suficiente para serem considerados válidos e ensinados a novos membros como forma correta de perceber, pensar e sentir em relação a esses problemas. (HANASHIRO, et al. 2010, p.10).

É possível afirmar que a cultura organizacional nada mais é que as crenças estabelecidas por seus fundadores que são passadas para todos os integrantes da empresa através dos seus valores.

Segundo Fleury (1989, p. 6), cultura organizacional é um:

> [...] conjunto de valores e pressupostos básicos expresso em elementos simbólicos que, em sua capacidade de ordenar, atribuir significações, construir identidade organizacional, tanto age como elemento de comunicação e consenso, como oculta e instrumentaliza as ações de dominação.

Sendo assim, o autor reforça que as crenças já citadas anteriormente, em forma de valores, servem como os pilares da cultura organizacional de cada empresa, onde não podemos simplesmente quebrar uma crença sem colocar outra no lugar.

1.1.3 Tipologias da cultura organizacional

Segundo Schein (2009), as organizações são o resultado de pessoas que trabalham com um propósito comum. Assim, o relacionamento básico entre o indivíduo e a organização pode ser imaginado como a dimensão mais fundamental para a construção de uma tipologia.

A tipologia a que Schein se refere é uma categorização de modelos notados na cultura do ambiente. Tal observação possibilita a revisão de alguns comportamentos e até mesmo a previsão de episódios futuros.

Um exemplo interessante, capaz de demonstrar os impactos da cultura no ambiente organizacional, é o estudo de Gert Hofstede que entre 1968 a 1972 atuou no setor de recursos humanos da IBM e através de seus estudos defendeu o impacto das nacionalidades nas práticas gerenciais da IBM. Tal estudo alcançou 50 países, incluindo o Brasil.

Essa pesquisa apontou que alguns comportamentos de funcionários que ocupavam a mesma posição, mas que provinham de países diferentes, tomavam posturas diferentes e se refletiam em algumas de suas ações no ambiente organizacional.

A seguir, alguns aspectos apontados pela pesquisa de Hofstede:
- Desigualdade social, incluindo a relação com a autoridade;
- Relação entre o indivíduo e o grupo;
- Conceitos de masculinidade e feminilidade: as consequências sociais de se pertencer a um ou outro sexo;
- Formas de gerir a incerteza, relacionadas com o controle da agressão e expressão de emoções.

A partir dos pontos citados, Hofstede pôde notar algumas características peculiares, tais como as atitudes diferentes de pessoas com países em que a liderança é muito presente e forte e pessoas com países de origem com grande distância hierárquica. Cada "grupo" adotava posturas diferentes. O primeiro tinha uma tendência a ser mais individualista e o segundo a manter-se mais unido, buscando atitudes coletivistas.

Outro aspecto interessante citado na pesquisa é a distinção dos gêneros masculino e feminino. As sociedades masculinas dão ênfase aos resultados, são permissivas e têm atitudes mais agressivas, enquanto que, em uma sociedade feminina, a tendência é de que os conflitos sejam resolvidos através da negociação e a liderança busca o consenso ao lugar da autoafirmação.

Por outro lado, Goffee e Jones (1998) apontam o caráter como equivalente à cultura. Criaram uma tipologia baseada em duas dimensões- chave: solidariedade e sociabilidade. Essa tipologia apresenta a cultura organizacional de duas maneiras - a variável solidariedade mantém uma tendência a conservar seu modo de pensar e a variável sociabilidade mantém a inclinação às pessoas a serem cordiais.

Tais tipologias acabam determinando comportamentos padrão no ambiente organizacional.

Cultura	Solidariedade	Sociabilidade
Fragmentada	Baixa	Baixa
Mercenária	Alta	Baixa
Comunitária	Baixa	Alta
Em Rede	Alta	Alta

Tabela 1. Tipologia de Goffe e Jones. Fonte: BEPPLER; PEREIRA (2013).

E, por fim, um modelo desenvolvido por Scheneider (1996). Um modelo de análise que envolve as variáveis estruturais, autoridade, liderança, relacionamentos, seleção pessoal, tomadas de decisão e gerenciamento de desempenho.

Tipo de Cultura	Eixo relacionado	Característica
Colaboração	Pessoalidade-Atualidade	Ênfase nas pessoas e na manutenção da realidade.
Cultivo	Pessoalidade-Possibilidade	Ênfase no desenvolvimento pessoal, visando oportunidade futura.
Controle	Impessoalidade-Atualidade	Ênfase em cargos, em detrimento de pessoas. Busca a realidade.
Competência	Impessoalidade-Possibilidade	Ênfase em relacionamentos impessoais e nas possibilidades do futuro.

Tabela 2. Tipologia de Schneider. Fonte: BEPPLER; PEREIRA (2013).

Para Schein (2009, p.187), "o valor das tipologias é que simplificam o pensamento e fornecem categorias para a escolha das complexidades que devemos lidar ao confrontarmos as realidades organizacionais". Elas facilitam o a resolução de situações problemáticas, pois centralizam a visão, ampliando a habilidade de encontrar padrões mais complexos.

Em países com grande diversidade econômica e cultural, como o Brasil, é possível existirem grandes diferenças culturais que certamente impactarão no modelo de gestão das organizações.

Da Matta e Victoria (2010, p. 66) afirmam que a "cultura organizacional pode exercer uma poderosa influência na performance do negócio".

Essa afirmação reforça o pensamento de que é necessário se tomar um grande cuidado ao lidar com o clima organizacional. Esse trabalho não pode ser feito através de um processo já desenhado, como uma receita pronta, sendo, portanto, necessário desafiar várias crenças limitantes, inserir crenças fortalecedoras, bem como desenvolver a autopercepção.

De acordo com as observações de Merril *apud* Da Matta e Victoria (2010, p.66), "quando falamos em cultura, estamos nos referindo às regras não escritas da organização, valores, normas, comportamentos e outras práticas que definem coletivamente o modo como o trabalho é feito".

Regras essas que são seguidas por todos os integrantes da empresa, inclusive os novos contratados, geram uma continuidade no modelo de cultura, mesmo que não esteja escrito, até o momento em que alguém resolve questionar porque os trabalhos são realizados dessa forma. É comum ouvir a seguinte resposta: "foi sempre feito assim".

A cultura de uma organização deve ser desenvolvida sobre pilares sólidos, ou seja, deve ser moldada através de ações concretas e conscientes, pois certamente sofrerá influências espontâneas das pessoas do meio. Se a organização não se preocupar em implementar uma cultura através de ações, facilmente os colaboradores construirão por si mesmos a cultura do ambiente e nesse momento a organização pode se arriscar a ver implantados hábitos, costumes e comportamentos desalinhados com o que a alta cúpula ou seus fundadores acreditam.

É importante destacar que isso não quer dizer que a implantação deva ser baseada somente em normas e procedimentos e com estrutura inflexível, pois vivemos num período em que as mudanças constantes fazem parte da nossa rotina e a flexibilidade é um requisito para o sucesso das organizações.

CAPÍTULO II
COACHING

"Muito do que lhe foi ensinado, já foi um dia a visão radical de indivíduos que tiveram a coragem de acreditar que o que sua mente e coração diziam era verdadeiro, ao invés de aceitar as crenças comuns da época."
Ching Ning Chu

A origem do processo de coaching perpassa pela maiêutica de Sócrates e se entrelaça a diversas ciências como a psicologia comportamental, administração de empresas, programação neurolinguística, psicologia positiva, entre outras ciências contemporâneas.

O termo coach tem origem por volta do ano de 1400, na cidade de Kócs, na Hungria, e era utilizado para designar a carruagem de quatro rodas. No século XVIII, os alunos universitários nobres utilizavam uma carruagem (coach) para aulas. A palavra coach começa então a ser utilizada pelos universitários norte-americanos da época para designar o "tutor particular".

Em 1830, a Oxford University utilizava o termo coach para o tutor que "carrega", "conduz" e prepara os estudantes para provas. Por volta de 1950, o termo foi utilizado em literatura de negócios, referenciando habilidade de gerenciar pessoas e, em 1974, Timoth Gallwey, lança o livro *The Inner Game of Tennis*, com conceitos de coaching, tornando esse um marco para o coaching.

A obra apresenta aspectos importantes que são amplamente utilizados nos processos de coaching, como o combate do jogador de tênis com os adversários. Gallwey defende a ideia de que o tenista enfrenta em suas partidas dois adversários, um que é o seu oponente do outro lado da quadra e o outro que é o adversário interior. O adversário interior é o responsável pela voz interna que faz afirmações que levaram o jogador a acreditar que não é capaz de realizar um movimento ou ganhar a partida. Sua obra influenciou o desenvolvimento dos primeiros trabalhos de coaching fora do âmbito esportivo.

Outro grande exponencial dos estudos de coaching foi Thomas Leonard, que na década de 90 se tornou um dos responsáveis pela propagação do coaching nos Estados Unidos. Fundador da International Association of Coaching, entre outras, é considerado um grande empreendedor. Leonard fundava instituições para depois vendê-las.

2 Cronologia do Coaching

Antes de 1971	Aplicação do coaching ao treinamento de atletas individuais
1971	Criação do EST por Werner Erhard, no instituto Esalen.
1974	Publicação do livro *The Inner game of Tennis*.
1976	Fundação da PNL (Programação Neurolinguística).
1977	Fernando Flores lança o *Coaching* ontológico.
1978-1980	Substituição do treinamento EST pelo The Landmark Forum.
1981-1982	Thomas Leonard é diretor de orçamento da Landmark Education.
1983-1987	Thomas Leonard lança o curso *Design Your Life*. Laura Whitworth é uma das primeiras participantes.
1988	Julio Olalla desenvolve o Coaching ontológico e funda o Instituto Newfield.
1989-1990	Thomas Leonard cria a CoachU; Laura Whitworth inaugura a CTI (Coach Training Institute); publicação do livro *Coaching for Performance*; disseminação do jogo interior e do coaching para o Reino Unido e a Europa.
1991	Thomas Leonard funda a ICF (Institute Coaching Federation).
1992–1993	Aceitação do coaching no mundo dos negócios.
1994	Thomas Leonard vende a CoachU para Sandy Vilas.

1998–2001	Fundação da ICC6; proliferação dos cursos de coaching em nível de graduação e pós-graduação.
2003	Morre Thomas Leonard; aplicação dos modelos integrais na área de coaching; tem início o Coaching integral.
2004–2007	O Coaching comportamental se estabelece no mundo dos negócios; início do coaching da psicologia positiva, com Martin Seligan; crescente aceitação do coaching em universidades nos Estados Unidos, na Europa e na Austrália; crescente ascensão do coaching como técnica comprovada.

Tabela 3. *Cronologia Coaching*. Fonte: JESUS, T.G.S.; MATTEU, D. (2014).

Jesus e Matteu (2014) apresentam uma cronologia resumida do coaching e seu desenvolvimento nas áreas acadêmicas e de formação de coaches, onde também é possível notar as influências que a PNL promoveu para o desenvolvimento do coaching.

Um exemplo bastante popular do coaching apontado por Lages e O'connor (2010) pode ser visto no filme *Karatê Kid*, em que o treinador expõe o esportista treinado a tarefas aparentemente banais para desenvolver suas habilidades e o ensino sobre a importância do autodomínio, sendo este último conceito amplamente aplicado nos processos de coaching.

Um modo descomplicado de compreender o coaching é defini-lo como um processo em que um profissional (coach) auxilia seu cliente (coachee) a identificar seus objetivos e a definir quais ações irão o levar à sua realização, tanto quanto potencializar as ações em prol de um menor prazo para sua realização ou obter um melhor resultado. O coachee identifica seu estado atual e seu estado desejado. E a partir de então definir os prazos e as ações para alcançá-lo.

O coaching utiliza processos e ferramentas poderosas para o desenvolvimento do potencial humano. É importante reforçar que o foco do coach é que seu cliente atinja seus resultados de forma consciente e sempre no controle de suas ações. Reforçando que a escolha é sempre do coachee quanto ao caminho a escolher. Neste caso, o coach utiliza de seus conhecimentos para especificar as decisões de seu cliente de modo que o mesmo aumente a sua percepção a respeito da importância da sua mudança.

Esse processo é capaz de potencializar os resultados do Coachee através de métodos, técnicas e ferramentas que ampliam a percepção do indivíduo e que, segundo Matteu (2013, p.145), "permite o despertar da conscientização de si mesmo e o reconhecimento de suas responsabilidades ante os resultados da vida".

Além do aumento de percepção, o coach mantém o coachee com o foco em seu objetivo, centralizando sua energia e motivação na realização de suas tarefas para alcançar seu objetivo.

Apesar da origem etimológica da palavra significar treinador, o coach não deve ser compreendido como tal, pois seu real trabalho fornecerá ferramentas para que o coachee atue com independência, por isso é extremamente importante que o processo de coaching tenha começo, meio e fim e a cada sessão sejam definidas tarefas para cumprimento do objetivo e acompanhamento do progresso do coachee.

Algumas vantagens alcançadas com o processo de coaching na vida pessoal são a estruturação de nova carreira profissional, reconhecimento e rompimento de crenças limitantes e adoção de comportamentos positivos frente à vida. No âmbito profissional podemos citar a melhoria da gestão do tempo, desenvolvimento de liderança e equipes de alta performance e comunicação.

Durante o processo de coaching, o coachee irá refletir e clarificar suas crenças e valores. Também será capaz de identificar e compreender características marcantes de sua personalidade e definir sua missão, visão e valores, sendo esses três fatores de extrema importância para a compreensão dos objetivos definidos, crenças limitantes e potencializadoras do coachee.

Um aspecto relevante do processo de coaching é que não há aconselhamento. O coach não sugere quais atitudes seu cliente deverá ter, ele utiliza perguntas que levem o coachee a refletir e encontrar as respostas consigo mesmo. Este aspecto está baseado no pensamento socrático que, segundo Fleury (2014), está voltado à educação através da maneira de questionar, que faz com que o indivíduo reflita, tome consciência e posicione-se estrategicamente frente a seus questionamentos.

O processo de coaching ainda é muitas vezes confundido com outras práticas, como terapia, counseling e/ou processos de treinamento. Porém, ao iniciar os estudos em coaching, fica evidente que esse processo se diferencia dos demais por alguns motivos. E aqui citamos alguns: o coaching analisa o presente (estado atual) e identifica fatores limitantes e motivadores para definir tarefas rumo ao objetivo do coachee, levando-o ao estado desejado, diferentemente da terapia, que analisa questões do passado com o objetivo de que não sejam replicadas as ações "negativas" do passado no presente.

No aconselhamento, o profissional expõe sua opinião sobre os pontos de insatisfação apresentados pelo cliente e, como já apontado nesta pesquisa, o processo de coaching não expõe sua opinião sobre os objetivos do coachee, mas tão somente o questiona para que a compreensão e motivação do coachee se mantenham elevadas.

Também se difere muito de um processo de treinamento, pois o treinador busca desenvolver uma habilidade específica de seu trainee, desenvolvendo-o pontualmente para uma situação que requeira um resultado imediato, diferentemente do processo de coaching, que prepara seu cliente para assumir a direção de sua vida e objetivos.

As confusões entre o que é um processo de coaching e outras abordagens podem ser desfeitas quando analisamos que o processo de coaching não trata de questões puramente imediatistas ou volta-se ao passado. O coaching trabalhará sempre partindo do hoje, que é chamado de estado atual, para o futuro, estado desejado.

As técnicas e ferramentas utilizadas pelo coach são muito importantes, pois elas facilitam o processo, evitam o "aconselhamento" por parte do coach e também são um registro do processo que pode ser revisto para trilhar novas estratégias ou verificar o desenvolvimento do coachee.

Para que o cliente compreenda suas responsabilidades perante o processo, é aconselhável que a primeira sessão seja uma conversa/entrevista entre coach e coachee, para que seja exposto o que é o coaching e como funciona o processo, assim o cliente toma consciência de seu papel e responsabilidades durante o processo.

A partir do momento em que os papéis já estão definidos, cabe ao coach exercitar sua escuta ativa para compreender quais ferramentas utilizar e, quando fizer uso delas, irá potencializar os resultados do seu coachee.

Lovisaro (2012) afirma que o coach deve aprender a flexibilizar a mente para possibilitar a compreensão por mais de um ponto de vista e fazer com que o coachee enxergue que há sempre mais de uma maneira de chegar até seu objetivo.

Os renomados autores Goldsmith, Lyons e Freas (2003, P.44) ressaltam que:

> O coaching se reconecta à realidade quando o bom questionamento é seguido de análise inspirada, planejamento detalhado de ação e acompanhamento de volta no ambiente de trabalho.

O processo de coaching também pode ser aplicado a si mesmo, o selfcoaching. Nesta situação, o coach utiliza seu conhecimento teórico, ferramentas e técnicas para potencializar seus resultados e administrar os desafios do cotidiano.

A abordagem de coaching utilizada atualmente parte das ideias adotadas em seu princípio histórico e talvez por isso seja frequente confundir o coach com a função de um treinador, que é a tradução literal da palavra. Porém, um dos princípios do coaching é levar seu cliente a compreender que todas as respostas que ele necessita estão sobre sua posse, resta a ele encontrá-las.

2.1 Coaching no Ambiente Organizacional

Tem-se registro da IBM como a primeira grande empresa a utilizar o processo de coaching no ambiente organizacional em 1955 (LAGES; O'CONNOR, 2010). Até então se utilizava o coaching apenas como uma ciência voltada ao desenvolvimento do indivíduo em seu aspecto pessoal, o coaching não era associado ao desenvolvimento do indivíduo no ambiente de trabalho em prol dos resultados organizacionais.

A presença de um coach no ambiente organizacional já é mais comum no período contemporâneo, pois essa ciência já está mais difundida. Nas organizações o coach atua junto a equipes desenvolvendo trabalhos de *Team Coaching* ou especificamente com pessoas que ocupam posições estratégicas na organização.

Quando um líder atua como coach no ambiente organizacional, é necessária a adoção de aspectos como empatia, integridade, desprendimento e todos os comportamentos que ofereçam suporte a seus liderados, para que atuem de modo consciente e comprometidos com suas responsabilidades.

Whitmore (p. 20, 2010) afirma que "o coaching dá ao gerente um controle real, não ilusório, e ao subordinado uma responsabilidade real, não ilusória". Ou seja, o coaching permite que cada indivíduo tenha consciência de suas atribuições, não apenas da maneira tradicional, com a descrição das funções de seu cargo. O coaching possibilita que líder e liderado conheçam suas facetas particulares e compreendam o papel de cada um para que os objetivos da organização sejam alcançados. É necessário alinhar pensamentos e propósitos.

Underhill (2010) argumenta que para o trabalho de coaching ter bom desempenho na organização, algumas ações são fundamentais, tais como iniciar o desenvolvimento de trabalhos de coaching com lideranças representativas na organização. Pessoas com interesse em partilhar seus conhecimentos, serão grandes divulgadores do coaching e da nova cultura na organização.

Ainda no ambiente organizacional é necessário o apoio dos gestores para que o processo seja visto com credibilidade perante os demais e que os objetivos a serem definidos pelo coachee sejam estritamente de cunho profissional, convergindo com os objetivos e valores da empresa. Por esse motivo, muitas organizações optam por contratar coaches externos, evitando assim possíveis conflitos de interesse entre objetivos pessoais do coachee e os objetivos da organização como um todo.

2.2 Desenvolvimento Organizacional

O universo competitivo das organizações que vivenciam diversas mudanças enfrenta cenários cada dia mais desafiadores e coloca as organizações diante do grande desafio de gerar mudanças saudáveis e precisas. Tais mudanças colocam as organizações frente à necessidade do desenvolvimento organizacional.

Chiavenato (2008, p. 419) define o desenvolvimento organizacional como:

> uma abordagem de mudança organizacional na qual os próprios colaboradores formulam a mudança necessária e a implementam através da assistência de um consultor interno ou externo.

Conforme o autor em comento, o objetivo do desenvolvimento organizacional é gerar mudanças consistentes na cultura organizacional da empresa, ou seja, causar um impacto consistente e duradouro na sua equipe.

Essas mudanças tornam-se possíveis através do auxílio de ferramentas que contribuem com o desenvolvimento organizacional. Para tanto é necessário que ele seja conduzido por um processo.

Não obstante, uma organização empresarial é um organismo vivo no qual coexistem e interagem diversas entidades e funções. Observando cada um destes elementos individualmente, percebe-se que eles interagem em múltiplos processos do negócio para viabilizar determinados resultados, tanto em atividades meio como atividades fins (PIANARO, 2013, p.57).

Sendo assim, é possível fazer um paralelo com a vida pessoal, sendo necessário entender cada membro da família de forma única. Dessa forma, conseguimos entender as singularidades e assim escolhermos a melhor forma de interagir com esses seres.

É evidente que o objetivo maior das corporações é o lucro e acreditamos que seja possível alcançá-lo com uma equipe coesa, motivada e com seus objetivos alinhados.

Na figura 2, a seguir em destaque, é possível visualizar que a organização está no centro das pressões, sendo que, além de resistir às forças internas, torna-se necessário que ela esteja atenta a todos os envolvidos no processo, os *stakeholders*.

Figura 2. Forças a serem consideradas no processo de mudança organizacional.
Fontes: ARAUJO; (2010, p. 301) & NASCIMENTO (2013, p.18)..

Stakeholder pode ser compreendido, segundo Goldschmidt (2010, p. 01), como "público estratégico" ou "público de interesse". O dicionário Password (STAHEL, 2010) define *stake* como interesse, participação, risco. Holder significa aquele que possui. Assim, *stakeholder* também significa parte interessada ou interveniente. É uma palavra de origem inglesa muito utilizada nas áreas de comunicação, administração e tecnologia da informação, cujo objetivo é designar pessoas e grupos mais importantes para um planejamento estratégico ou plano de negócios, ou seja, as partes interessadas.

Segundo Araújo e Garcia (2010, p.301), "o agente de mudança é quem fica responsável por definir o problema que advém das pressões sentidas pela organização e participar as pessoas, estimulando a busca de soluções, para então testar as saídas".

É necessário que cada membro da empresa entenda a sua participação de forma clara e específica sobre os objetivos a serem alcançados, facilitando assim o processo de mudança.

Por essa razão, o autor Bilhim (2010, p.8) observa "que o processo de mudança organizacional pode incidir sobre vários aspectos, nomeadamente sobre a estrutura, as tarefas, a tecnologia, a reengenharia, os comportamentos, a cultura e os produtos".

Uma estrutura preestabelecida facilita o processo de definição de prioridades e ações a serem implantadas na organização, inclusive verificando qual será a energia que deve ser utilizada.

2.2.1 O processo de desenvolvimento organizacional

O processo de mudança em uma organização pode incidir sobre vários aspectos, nomeadamente sobre a estrutura, as tarefas, a tecnologia, a reengenharia e os comportamentos e a cultura.

- **Diagnóstico:** é realizado com base na situação atual da empresa ao considerar entrevistas e pesquisa com funcionários e análise do macro ambiente em que empresa esteja inserida, além dos aspectos internos da organização.

- **Intervenção:** consiste na ação realizada para alterar a situação atual, ou seja, ativação da mudança. A intervenção acontece de modo planejado, geralmente acoplado com processo de sensibilização e participação dos envolvidos no processo para determinar as mudanças necessárias. Utilizam-se também workshops.
- **Reforço:** acompanhar o processo de mudança é fundamental, sendo recomendadas reuniões e avaliações periódicas para reforçar e certificar-se que a mudança aconteceu do modo planejado.

Segundo Bilhim (2010, p.10), "os processos de mudanças podem seguir orientações diversas, com pressupostos teóricos e modelos implícitos diferentes".

O processo de mudança perpassa pelo processo de descongelamento, mudança e o recongelamento, ou seja, o funcionário tem que deixar o modo atual de trabalho (desaprender) e perceber a necessidade de mudar, realizar a mudança, reaprender a tarefa e aplicar o novo, deste modo recongelando novamente, conforme demonstra a figura 3, a seguir em destaque.

DESCONGELAMENTO	MUDANÇA	RECONGELAMENTO
Enviar fax; Perceber a necessidade de mudar.	Implementação da Mudança; Aprender a enviar e-mail.	Enviar e-mail; Incorporar a prática de envio de e-mail.

Figura 3 As fases do processo de mudança. Fonte: CHIAVENATO, p.421, 2010.

Exemplificando, o funcionário utilizava o fax como ferramenta de comunicação e devido às mudanças tecnológicas aprende a utilizar e incorpora o e-mail como nova ferramenta no processo de comunicação.

A gestão da mudança constitui uma das preocupações fundamentais dos gestores. Essa preocupação se deve à dificuldade de aceitação e adaptação do processo.

A mudança ainda assusta muito o indivíduo e em geral preferimos a zona de conforto, o habitual. Mas a necessidade de mudar é imperiosa, afinal o futuro será diferente de ontem e de hoje. Uma das grandes certezas que temos é da mudança constante. Devemos ser mais flexíveis, estar atentos às mudanças e nos transformarmos a cada dia. Não adianta ser resistente. Pelo contrário, é preciso ter a mente e o coração abertos.

A própria natureza pode ser tomada como referência. Os seres que não mudam e não se transformam, correm o risco de serem extintos. O ambiente é dinâmico, tudo muda e é preciso estar aberto às mudanças e, definitivamente, mudar.

A mudança talvez seja a grande vilã na vida da humanidade. Por mais que as pessoas resistam às mudanças, elas nos cercam a todo o momento e são responsáveis pelas alterações no clima, tanto quanto na cultura organizacional de uma empresa.

Para Da Matta e Victoria (2008, p.145), ao sugerir uma mudança de comportamento, se obtém como resposta uma resistência ou rejeição. "Reações como estas são muito frustrantes e isto acontece porque a pessoa ainda está com um nível de prontidão para mudança muito baixo e não vai perceber essa necessidade enquanto o nível não aumentar".

Podemos citar o modelo – <u>Transteorético</u> – também conhecido como modelo dos estágios de mudança, desenvolvido pelo psicólogo James Prochaska, que mostra exatamente como evoluímos em diferentes estágios de conscientização até estarmos prontos para mudar. (DA MATTA; VICTORIA, 2008).

2.2.2 Estágios de mudança de James Prochaska

. Pré-contemplação
É a fase da negação. O indivíduo acredita que está tudo bem e que a mudança de comportamento não é necessá-

ria. Para ajudá-lo, é necessário fazê-lo perceber as consequências de seu comportamento.

. Contemplação

Nesse momento a pessoa já sabe que precisa mudar, mas ainda não conhece os meios para isso. É hora de mostrar-lhe o que fazer para mudar.

. Preparação

A pessoa pretende mudar num futuro imediato e já tem um plano do que fazer. O auxílio mais adequado é ajudá-la a colocar o plano em ação.

. Ação

É a fase em que a pessoa põe a mão na massa e já começa a seguir o caminho da mudança. Você pode ajudar encorajando-a a persistir.

. Manutenção

A pessoa persiste nas ações, com esforço e disciplina para não ter uma recaída – o que pode vir a ocorrer. É um bom momento para encorajar e auxiliar a pessoa a recuperar a autoconfiança para superar a recaída.

. Término

A mudança se consolidou e o indivíduo já não teme as recaídas ou os retrocessos. Você contribui reconhecendo o êxito.

A grande preocupação das organizações está em potencializar seus resultados positivos através da mudança sem causar choque à cultura organizacional já existente, valorizando assim os aspectos positivos da mesma.

De acordo com Senge (1998, p.13) *apud* Pianaro (2013, p. 45), observa-se que "as organizações funcionam da forma como as pessoas, porque as pessoas funcionam da mesma forma. Nenhuma mudança organizacional significativa pode ser realizada sem que se efetuem profundas mudanças nas formas de pensar e de interagir com as pessoas".

As transformações não avisam quando vão acontecer, por isso é preciso desenvolver algumas estratégias que podem auxiliar no processo de adaptação às mudanças.

Por isso, a organização deve assumir uma nova postura, para então preparar-se às mudanças. A própria prática de *Benchmarketing* é uma estratégia utilizada por algumas empresas no sentido de observar modelos bem-sucedidos e, assim, no momento da sua implantação, usar como referência os resultados já obtidos por outras organizações.

CAPÍTULO III
CULTURA
COACHING

"A felicidade pertence àqueles que enxergam as oportunidades antes que se tornem realidade."
Carlos Alberto Costa Junior

Muito tem se falado sobre coach e processo de coaching no Brasil. Para algumas pessoas virou um modismo, mas o que será que tem realmente por trás desse fenômeno? Será que realmente esse seja o processo mais eficaz no mundo organizacional? Afinal de contas, em todos os setores e níveis hierárquicos, o que mais se ouve é sobre a falta de talentos.

Onde estamos errando? Por que as pessoas estão cada vez mais desmotivadas pela busca dos seus sonhos profissionais e pessoais? A essência do coaching nos apresenta várias oportunidades para que o que até então era sonho se transforme em realidade.

Para manter uma equipe motivada e comprometida é necessário que conheçamos esse time, é melhor e, portanto, necessário que deixemos bem claro nosso interesse por elas. Sim, por elas no sentido de saber ouvi-las na sua essência e assim podermos ampliar e potencializar seus resultados, convertendo para o alcance das metas preestabelecidas pela empresa.

A proposta é que essa comunicação seja sempre clara, objetiva e desafiadora, pois, para que o foco seja mantido, é necessário que o nível de motivação seja sempre elevado.

Nos dias atuais as organizações necessitam de líderes fortes, aptos e rápidos, mas, sobretudo, líderes flexíveis, empáticos e que inspirem os seus colaboradores a darem mais de si e serem sempre melhores. A gestão pelo medo e pela autoridade torna-se assim obsoleta e cada vez mais se espera organizações inovadoras, responsáveis pelo ambiente e amiga de seus colaboradores.

Esse pode ser mais um motivador para as organizações adotarem uma Cultura Coaching, pois, quando a organização escolhe os colaboradores para participarem de trabalhos de Coaching no ambiente organizacional, eles assumem a responsabilidade em desenvolver sua função e se manterem comprometidos com a empresa e aptos a aprimorar suas competências.

Apesar dos processos de coaching estarem cada vez mais presentes no ambiente organizacional, ainda é possível notar que as organizações possuem alguns receios. Underhill (2010) cita que em grande parte são os líderes que buscam formações em coaching ou participar em processos de coaching. São aqueles que se engajam por conta própria e com isso geram uma forte tendência a desligar-se da organização quando atingirem maiores níveis de consciência.

Tal situação pode a princípio amedrontar as organizações por receio de perder membros de sua equipe, mas é preciso compreender que a decisão de o líder deixar a organização parte muitas vezes da dificuldade de difundir os preceitos do coaching no ambiente de trabalho. Situação contrária a que será vivenciada quando parte da organização tem a intenção de adotar a Cultura Coaching, promover o conhecimento no ambiente e potencializar os resultados da organização.

3 Benefícios da Introdução da Cultura Coaching

Um estudo realizado pela Clear Coach, empresa britânica especializada em *Bussiness Coaching* mostrou que o coaching realmente oferece benefícios tangíveis e facilmente identificáveis.

- Aumento de percepção (63%);
- Aquisição de novas competências ou aprimoramento das já existentes (50%);
- Melhoria dos relacionamentos dentro do time (50%);
- Capacidade de enxergar outras perspectivas (47%);
- Mais clareza no dia a dia profissional (43%);
- Aumento da motivação (43%);
- Aumento comprovado de performance (43%);
- Desfrutar de uma atmosfera mais positiva (40%);
- Desenvolver-se em um novo papel (40%);
- Mudar abordagens para lidar com situações de trabalho (37%);
- Empresas que contratariam novamente um coach (93%).

[Fonte: Are there Any Tangible Benefits to Coaching (DA MATTA; VICTORIA, 2008, p. 333)]

Freas (2003, p.66) afirma que "o Coaching executivo se destina a alinhar o desenvolvimento de cada executivo com os desafios do negócio no contexto total da organização".

Como se fosse uma grande caixa de ferramentas, onde a cada encontro é apresentada uma ferramenta nova, o Coachee (executivo) aprende a utilizá-las nos momentos mais oportunos, contribuindo para que cada um busque o seu gigante interior.

De acordo com Robbins (1993, p.23), "todos possuímos um talento, um dom, a nossa centelha de gênio esperando ser despertada".

É nesse momento que o coaching surge no intuito de reacender essa chama que cada um de nós já carrega dentro do peito e que, talvez por não saber como utilizar a ferramenta certa, tem uma tendência a se apagar.

A tabela 04 – Benefícios da Introdução da Cultura Coaching – destaca os benefícios da introdução da Cultura Coaching no ambiente organizacional.

Implantação da Cultura Coaching em Organizações

O que ocorria no passado	O que acontece quando utilizamos um novo modelo de coaching?	Quais são os benefícios da Cultura de Coaching na organização?
Falta de conexão entre os resultados finais e as necessidades das pessoas.	**Visão comum.** As pessoas têm algo em comum. São colocadas juntas em função de uma missão excitante e de valores compartilhados.	**Foco nos resultados.** Quando as pessoas estão inspiradas por uma visão e valores comuns, elas podem prontamente canalizar suas energias nos resultados finais.
Uma cultura de comando e controle.	**Aprendizagem e criatividade.** As pessoas são inquisitivas. As organizações que encorajam curiosidade aceleram a aprendizagem e a criatividade.	**Solução de problemas.** Quando as pessoas de todos os níveis de uma organização se tornam mais responsáveis, a necessidade de comando e controle é substituída por um ambiente de respeito mútuo e proatividade na solução de problemas.
Falta de "responsabilidade" do pessoal para com os resultados do negócio.	**Desenvolvimento da liderança.** As pessoas contribuem, quando as organizações reconhecem a contribuição individual, as pessoas se desenvolvem como líderes em todos os níveis.	**Aumento de responsabilidade.** Um Coach aborda o reconhecimento de performance, evidencia o melhor das pessoas e aumenta sua responsabilidade pelos resultados do negócio.
Não há plano de sucessão.	**Uso das forças para soluções inovadoras.** As pessoas crescem a partir da conexão. Colaboração é uma condução para evidenciar as forças das pessoas e gerar soluções inovadoras.	**Disponibilidade de talentos.** Quando as forças individuais são reconhecidas, aumentam os benefícios da organização a partir de uma reserva de talentos disponíveis.
Perda de grandes talentos.	**Valorização do capital humano.** As pessoas procuram valores. Escutar além das palavras é a "moeda" para valorizar o capital humano.	**Retenção dos grandes talentos na empresa.** O Coaching apoia os grandes talentos para definir seus próprios valores e aprofundar sua satisfação na atual situação. Isso geralmente leva à expansão de papéis dentro da organização, em vez de procurar por satisfação em outro lugar.

Conflito entre visão, valores e ações.	Alinhamento de valores pessoais e profissionais. As pessoas agem movidas por seus próprios interesses, mas quando a responsabilidade é modelada, se evidencia a qualidade da interação com o cliente e equipe.	Aumento da integridade. O antídoto para uma cultura que diminui as pessoas é a mudança no ambiente, que passa a encorajá-las a alinhar sua conduta com o mais alto nível de integridade possível.
Diferentes estilos de comunicação e desentendimentos.	Comunicação mais efetiva. As pessoas vivem a partir de suas percepções. A comunicação de sucesso inclui as pessoas por inteiro, fazendo-as aceitar as diferenças e participar integralmente em cada interação.	Conexão através da comunicação completa. O coaching aumenta a habilidade do indivíduo de se conectar com os outros e de perceber a comunicação nos diversos níveis.
Motivação pela intimidação.	Aumento da consciência e escolhas. As pessoas têm escolhas. A consciência aumenta quando mudamos as perspectivas, revelando-lhes novas escolhas.	Aumento da delegação e motivação. A motivação baseada em escolhas traz os resultados mais poderosos. Os líderes delegam mais quando possuem uma abordagem coaching.
Culpar quando os problemas ocorrem.	Alinhamento e integridade. As pessoas definem sua própria integridade. A integridade provém do alinhamento contínuo das pessoas com a missão da organização, visão e valores.	Transformação de problemas em oportunidades. O coaching oferece uma estrutura para questionamentos, o que transforma os problemas em oportunidades.

Tabela 4. Benefícios da Introdução da Cultura Coaching. Fonte: MASSIMO apud DA MATTA; VICTORIA (2010, p. 68).

Ao analisar a tabela 04 – Benefícios da Introdução da Cultura Coaching – observamos que um dos objetivos da implantação da Cultura Coaching consiste em acelerar o desenvolvimento da organização de forma mais coesa e congruente, pois cada ser humano que faz parte da organização

alinha seus objetivos com aqueles estabelecidos pela empresa através do autoconhecimento e aumento de percepção, gerando autoestima.
Para Chopra (2010, p.41):

> A autoestima é feita de três elementos básicos. As pessoas se sentem bem consigo mesmas. Em primeiro lugar, acreditam que estão fazendo um bom trabalho em um emprego que valha a pena. Em segundo lugar, desenvolvem uma autoimagem positiva enquanto cresceram. E em terceiro lugar, se estiverem colocando em prática seus valores essenciais.

Sendo assim, o desenvolvimento do ser humano perpassa por áreas tênues, do autoconhecimento à identidade de cada pessoa. É muito importante que na implantação dessa nova cultura o indivíduo tome conhecimento de sua nova identidade. Dessa forma, torna-se mais fácil a construção de novas crenças potencializadoras no intuito de fortalecer a nova cultura e assim beneficiar o desenvolvimento organizacional.

Talvez alguns métodos do mundo contemporâneo, conforme cita Pianaro (2013), podem conduzir a organização a atuar de forma a pressionar seus colaboradores, levando-os a estados de doença, insatisfação e desmotivação e causando, entre outros sintomas, distúrbios de sono, estresse e fadiga.

É necessário, sim, que o desenvolvimento aconteça, porém deve-se analisar a melhor forma para levar uma pessoa a seu pleno potencial, evitando o desgaste e colocando todo o investimento a perder. Por essa razão, é importante o levantamento das forças que cada membro da equipe possui e iniciar o trabalho por suas forças. Assim potencializamos ainda mais seu desempenho e após esse trabalho se prepara uma estrutura para que as fraquezas levantadas sejam minimizadas durante o processo.

A Cultura Coaching tem por objetivo ser um mecanismo que utiliza de ferramentas poderosas para levar as organizações a colherem resultados jamais atingidos, utilizando de uma metodologia assertiva. Outra possibilidade para implantação da Cultura Coaching sugerida aqui é através da metodologia PERFORMA.

Tal método tem como base o desenvolvimento e os aprendizados constantes da equipe. E seu objetivo está associado ao aumento de percepção de cada membro do time frente aos cenários onde eles estão inseridos. Este modelo tem a estrutura necessária para que o líder possa garantir que seu time amplie sua percepção, seja capaz de definir quais ações serão necessárias para identificar o estado atual da equipe e construir o caminho até o estado desejado.

. Percepção

Antes de definir o estado desejado do seu time, é muito importante que os mesmos vejam as possibilidades, portanto procuramos aumentar sua percepção sobre os cenários e mapear as variáveis controláveis e incontroláveis naquele momento.

. Foco

Definir adequadamente o foco é fundamental no processo de Coaching para a convergência de pensamento, energia, emoção e ações em prol dos objetivos.

. Rota de Ação

Com a percepção ampliada é possível definir um caminho a seguir, iniciando assim uma jornada ao estado desejado e assumindo a responsabilidade de agir para alcançar os objetivos. Talvez essa fase seja a mais intensa, pois o nível de motivação deve ser sempre elevado. É no caminho que as interferências acontecem e muitos times desistem dos seus objetivos por não terem a ferramenta certa para utilizar.

. **Mensuração**

Após a percepção ampliada, a rota de ação definida e seu foco estando sempre 100% nas metas e objetivos, faz-se necessário a aferição dos resultados. Este é o momento em que o time precisa refletir sobre os ganhos e a velocidade na caminhada, o que adquiriram ao longo do processo e o que os prepara para desenvolver sua autorresponsabilidade frente aos resultados.

. **Aprendizados**

Por fim, para o sucesso de qualquer atividade é necessário que sejam definidos indicadores no início do processo e acompanhados para garantir o nível de motivação elevado do participante ou dos participantes do processo, buscando potencializar os resultados.

Daí a Cultura Coaching ser uma aposta prometedora que leva as organizações a colherem resultados eficazes e duradouros. A Cultura Coaching assenta numa forma de pensar e de fazer as coisas em tudo oposta aos métodos ditatoriais da gestão por autoridade.

Ela bebe dos princípios da equidade e da premissa que nem sempre temos todos os elementos em nosso poder para julgarmos os outros e assumirmos pressupostos que por vezes estejam incorretos. Assim, a Cultura Coaching tem um *spectrum* de atuação que se estende desde o apoio até ao desafio, passando por todo gradiente de ajuda e questionamento até chegar a um campo que é caracterizado por um ambiente mais desafiante e por vezes até provocador, mas não agressivo, ajudando o interlocutor a repensar os seus paradigmas.

Ao adotar uma Cultura Coaching, a organização ampara suas ações ao cuidado e sustentação do ser humano e, como afirma Withmore (2010), assume uma postura atenta e aprofundada aos ganhos e perdas.

A figura 4 explica sumariamente os três componentes que geram uma Cultura Coaching.

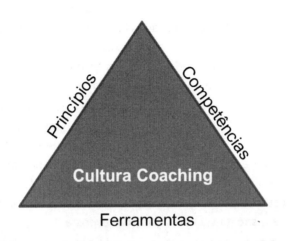

Figura 4. Cultura Coaching.

Um desses componentes é formado por três princípios fundamentais. O primeiro é haver uma relação de confiança entre colaboradores (ou entre coach e coachee) de forma a que qualquer assunto possa ser debatido entre eles, sem pudores nem temores.

O segundo princípio é não julgar os outros. Na maioria das situações não detemos toda a verdade e nem sabemos como o outro se sente, apenas nos apercebemos e percepcionamos parte do que acontece e do contexto em que estamos inseridos. Daí, o julgamento feito através de uma opinião conflituosa ou de um comentário infeliz colocar-nos em uma situação que por vezes não ajuda nos relacionamentos interpessoais que queremos ter e manter dentro da organização.

Mais do que a simpatia, é importante saber gerar a empatia, que para além de nos ajudar a colocar na situação do outro, nos permite dar-lhes o espaço que lhes seja necessário à recuperação, à intervenção ou até mesmo ao silêncio. A empatia é uma das competências basilares para desenvolver uma forte Cultura Coaching.

Finalmente, o terceiro princípio é saber perguntar e não dar as respostas. À semelhança do ditado chinês que ensina o homem a pescar e não lhe dar o peixe, assim acontece com este princípio: ajudar as pessoas a pensar, a refletir e a chegar às suas próprias conclusões, sem ajuda de outrem a lhes apontar o caminho.

O que acontece em demasia atualmente é que, na vida corrida que temos, fazemos as perguntas e acabamos por dar a resposta, matando assim qualquer iniciativa que o colaborador possa ter e também a sua criatividade, eliminando assim o espaço para ele crescer e aprender a ser ele próprio. Não dar as respostas pressupõe saber respeitar o espaço do outro, o tempo de resposta e, claro, a própria resposta.

Conforme já mencionado, a Cultura Coaching comunga de várias competências capitais, das quais destacamos a empatia, a escuta ativa e as perguntas poderosas.

A empatia é a relação de harmonia que se cria entre os interlocutores gerando uma afinidade entre eles, necessária à criação de confiança, tão premente numa Cultura Coaching.

A escuta ativa é uma competência que estreita os relacionamentos entre colaboradores (ou entre coach e coachee), já que, muito mais do que o simples ouvir, essa competência é a perceção que o indivíduo tem de se sentir compreendido por quem o esteja a ouvir. Quando alguém se sente compreendido pelo outro, o princípio de confiança se intensifica exponencialmente.

Por outro lado, as perguntas poderosas são um instrumento muito útil à reflexão. Há pessoas que não sabem pensar, que não sabem estruturar uma estratégia ou abordar um desafio. A pergunta adequada no momento certo ajuda todos esses processos.

Assim, saber questionar é também uma competência importante a ter em conta numa Cultura Coaching. É de salientar que, quanto mais abertas forem as perguntas, menos julgamento elas carregam. As perguntas fechadas tendem a ser mais incisivas e talvez a orientar mais o interlocutor. Não obstante, há circunstâncias em que as perguntas fechadas proporcionam melhores resultados e provocam uma reflexão mais profunda do que as abertas.

Essas três competências, quando bem ministradas asseguram uma quarta que está na base da presença ativa do interlocutor em qualquer dado momento da conversação. Assim, pressupõe-se que, para ser empático, ter uma elevada escuta ativa e fazer perguntas poderosas é primordial estar presente naquele momento, atento ao que nos esteja sendo comunicado por palavras, gestos e emoções e, por vezes, o que não nos seja comunicado, mas que podemos, quando nos atentamos à nossa intuição, identificá-lo nas entrelinhas.

Claro que um dos instrumentos mais importantes numa Cultura Coaching é o próprio eu, ou seja, cada um de nós, a nossa forma de vermos e fazermos e, sobretudo, a nossa forma de sermos. Aqui reside também a distinção entre organizações e até mesmo entre serviços de coaching, nomeadamente, o cunho pessoal que cada um coloca na execução da tarefa e na gestão do processo.

Uma Cultura Coaching é alimentada por valores comuns, desde o respeito, o reconhecimento, a honestidade até a liderança e a inovação. Assim, não é de estranhar que muitas ferramentas utilizadas, até mesmo em outras práticas, se adequem tão bem a essa Cultura Coaching. Uma dessas ferramentas é o *storytelling*.

O *storytelling* nada mais é do que a tradição milenar de contar histórias com uma mensagem inerente, que auxilia as pessoas a chegarem a conclusões interessantes para as suas próprias vidas e desafios. Cada vez mais, o *storytelling* é uma forma de ajudar o colaborador a "abrir os olhos", a "fazer o que seja certo", sem lhe dizer "faça assim" ou sem lhe mostrar o caminho. Essa é exatamente a premissa da Cultura Coaching.

Outras ferramentas e modelos não redutores, mas em si potencializadores das capacidades individuais dos colaboradores, são utilizados com uma maior frequência nas organizações que promulgam a Cultura Coaching. Alguns exemplos incluem o SOAR, DISC, GROW e FEEDBACK 360.

Na prática, uma organização que aplica a Cultura Coaching é aquela que promove a iniciativa dos seus colaboradores, defende a criatividade, para que se possam encontrar respostas aos desafios do dia a dia sem esperar de braços cruzados pela indicação de seu superior. Essas organizações são mais dinâmicas, eficientes e orientadas à ação, já que a todos é incentivado que cresçam e façam acontecer. Com isso, o clima organizacional é mais saudável, há um maior reconhecimento e valorização da contribuição de cada um e as pessoas se sentem apreciadas pelos demais, o que por si gera mais energia para atingir os objetivos propostos.

CAPÍTULO IV
ANÁLISE
DE PERFIL
COMPORTAMENTAL

"A primeira habilidade a aprender é a arte de deixar de lado a tendência humana de fazer julgamento tanto de si mesmo do próprio desempenho."
W. Timothy Gallwey

No processo de coaching existem várias ferramentas de análise de perfil comportamental que podem contribuir para o levantamento da personalidade de cada membro da equipe. Podemos citar a análise DISC, SOAR, entre outros. O principal aspecto dessas ferramentas é analisar as quatro categorias de personalidade.

Dominância, Extroversão, Paciência e Analítica são os perfis considerados na análise da ferramenta de diagnóstico SOAR.

A análise DISC, desenvolvida por Willian Moulton Marston em 1928, cria uma categorização dos comportamentos presentes em variados graus. Em cada ser humano os perfis apresentados são Dominância, Influência, Estabilidade e Conformidade.

Esses perfis têm como objetivo levantar os pontos fortes e pontos a serem desenvolvidos por cada membro. Utiliza-se um método de questionário onde não existem respostas certas ou erradas, mas sim uma combinação de fatores que contribuem para a identificação das melhores habilidades de cada membro do time, contribuindo assim com a melhoria da comunicação, autoestima, trabalho em equipe, entre outros aspectos.

É importante destacar que os comportamentos são apenas a parte visível do iceberg já citado anteriormente, sendo que os fatores que podem realmente potencializar os comportamentos são os motivadores de cada indivíduo, confirmando a eficácia da análise de perfil, pois ela é uma ferramenta que auxilia o gestor a ver o todo e compreender que outros elementos não visíveis estão colaborando para um comportamento específico do indivíduo.

Há momentos em que podemos tentar controlar o que dizemos, mas, quando a nossa energia não é boa, as pessoas podem senti-la e é por isso que as coisas às vezes podem não sair como esperado. (MIRAGE, 2013).

Por isso é tão importante conhecermos nossas forças internas para que em momentos de baixa de produção saibamos exatamente onde e como intervir. E assim apresentamos a análise de perfil citada acima.

A análise SOAR foi aplicada em mais de 40 países ao redor do mundo e obteve resultados extraordinários.

Benefícios gerais do SOAR:

- Aprender a apreciar os pontos fortes no comportamento e níveis de ajuste;
- Melhorar a capacidade de comunicação, determinando diferentes estilos de comunicação;
- Desenvolvimento de planos eficazes para reforçar as áreas pessoais, profissionais ou de crescimento;
- Aprender a usar seus níveis de energia de forma eficaz em suas tarefas diárias;
- Ajudar a criar competências no desenvolvimento de liderança;
- Desenvolver técnicas eficazes ao lidar com o conflito;
- Melhorar o desempenho da equipe e reduzir o conflito na dinâmica diária da equipe;
- Desenvolvimento de estratégias para a valorização da diversidade no local de trabalho e na vida diária;

- Aumentar as competências de vendas por compreender os comportamentos dos clientes;
- Melhorar as relações em todos os níveis.

> Existem diversos fatores que moldam a personalidade de uma pessoa e o temperamento é apenas um deles. Existem aqueles que acreditam que as pessoas nascem com as características típicas de temperamento que influenciam a sua personalidade de acordo com o ambiente e capacidade de adaptação (MIRAGE, 2013, p.38).

Talvez seja este o grande diferencial do Processo de Coaching, a arte de analisar corretamente um perfil e dessa forma antecipar um trabalho que poderia durar seis meses, através do método de tentativa e erro, normalmente utilizado em processos de consultoria, por uma fotografia da situação atual do colaborador e conforme o tipo de perfil com a descrição das principais características como:

. Perfil do Temperamento Dominante

O perfil de temperamento dominante (ou colérico) refere-se a uma pessoa que se dedica a resultados. O dominante tem várias características de identificação, muitas das quais estão listadas abaixo.

- Fica entediado facilmente;
- Gosta de mudanças e desafios;
- Baseia suas avaliações pessoais sobre as realizações;
- Odeia indecisão e prefere respostas diretas;
- Gosta de correr riscos;
- Tem altos níveis de autoestima;
- Tende a ser rápido e impaciente;

- Tem expectativas muitas altas de si próprio e dos outros;
- Odeia indecisão, prefere respostas diretas;
- Tem pensamento rápido, ativo e prático;
- Tem sangue quente;
- Possui força de vontade;
- Toma decisões para si e para os outros facilmente.

Mirage (2013) afirma que, por possuir altos níveis de energia e paixão, um dominante tende a querer motivar os outros, mas muitas vezes se sente frustrado por não conseguir a excelência desejada.

. **Perfil do Temperamento Extrovertido**
Possui uma elevada necessidade de socializar e se sentir incluído. Outros traços de identificação são listados abaixo.

- Varia entre ter controle e ser dependente;
- É impulsivo e toma decisões rapidamente;
- Vive a vida com paixão e otimismo;
- Possui uma alegria infantil com as coisas ao seu redor;
- Possui um senso natural de curiosidade;
- Otimismo e energia positiva leva tudo para o lado positivo;
- Sempre amigável com os outros;
- Gosta de contato físico, como apertos de mão e abraços com amigos;
- Vive no presente;
- Ama com paixão;
- Esquece rapidamente;
- Tende à indisciplina e à desorganização;
- Tende a dizer "sim" quando, na verdade, a reposta é "não";
- Pode facilmente perder a motivação;

- Vai tentar encontrar uma desculpa e sentir pena de si mesmo;
- Muda de ideia com facilidade;
- Interessado em novidades e inovações.

. Perfil do Temperamento Paciente

O temperamento paciente é um amante da paz, da harmonia e da estabilidade. Ele não gosta de mudanças de plano na última hora e tem uma forte aversão a qualquer tipo de conflito. Outros traços de identificação incluem:

- Metódico;
- A vida caótica pode levá-lo à depressão;
- Geralmente está preocupado com o bem-estar do grupo;
- Tende a acompanhar o grupo. Se os outros estão bem, ele está bem;
- É calmo e muitas vezes não demonstra emoções;
- Tende a ser tímido e prefere ouvir e observar ao invés de interagir em ambientes sociais;
- Expressa-se com cautela;
- Inclina-se para opiniões, mas pessimistas sobre os fatos;
- Ótimo ouvinte e observador, com tendências analíticas, habilidades administrativas e diplomáticas;
- Não toma decisões até estar certo e seguro sobre algo;
- Às vezes pode apresentar preguiça ou indecisão;
- Tem um lado humorístico;
- Atrai pessoas pela sua simplicidade e disponibilidade;
- Tende a procrastinar;
- Indecisão afeta fortemente seus resultados;
- Leva mais tempo para pensar e analisar um projeto do que tomar medidas para alcançá-lo;

- Geralmente não busca posições de liderança. No entanto, quando eleito para o cargo, ele mostra ser um grande líder.

Mirage (2013) enfatiza que o temperamento paciente não gosta de qualquer tipo de autossacrifício e evita se envolver emocionalmente. No entanto, esse temperamento tem um forte apreço pela família e amigos mais próximos.

. Perfil de um Temperamento Analítico

O temperamento analítico é sistemático nas relações e tende a ser um perfeccionista. Sempre procura por excelência e alta qualidade, pois ele tende a ter expectativas muito elevadas de si mesmo e dos outros. Outras características de identificação incluem:

- Suas decisões são baseadas na lógica;
- Não expressa opinião a menos que haja certeza absoluta;
- Aprecia precisão e verdade;
- Concentra-se nos detalhes e fatos;
- Faz planos eficientes para resolver problemas, o que é, então, reforçado pela persistência, autodisciplina e organização;
- Reconhecido por sua lealdade, integridade e diligência;
- Gosta de ter métodos validados e discutidos passo a passo;
- É sensível e criativo;
- É um perfeccionista;
- Sempre buscando uma segunda chance para provar que os resultados poderiam ser melhores;
- Ao discutir projetos, tende a ser realista-pessimista, a fim de antecipar eventuais problemas ou desafios futuros;
- Possui um pequeno grupo de amigos íntimos;
- Muito fiel e leal aos amigos que possui;
- Vai estar presente quando necessário;

- Podemos sempre contar com ele;
- Tende à instabilidade emocional;
- Facilmente se machuca;
- Muda rapidamente de humor;
- Pode ficar tão envolvido no trabalho que aqueles ao seu redor irão se sentir ignorados ou esquecidos.

De acordo com Mirage (2013), a perda de um relacionamento pode ser devastadora para um analítico e pode conduzi-lo à depressão profunda. As necessidades íntimas de um analítico devem ser totalmente compreendidas, aceitas e apreciadas.

4 Caso Prático – Análise de Perfil Comportamental

Caso prático com a utilização da ferramenta de análise de perfil comportamental, em uma empresa de *Executive Search* e Agenciamento de Pessoas.

. Oportunidade: crescimento da empresa e fechamento de grandes contas. Seu maior desafio era alinhar a comunicação e o relacionamento entre a área gerencial diante de um período de crescimento acelerado.

. Diagnóstico: comunicação com ruídos, alto nível de estresse, relacionamentos difíceis, desmotivação. Todo esse cenário se desenvolvia em um momento de expansão da organização, com fechamento de contratos com grandes clientes.

. Plano: apresentação da ferramenta de perfil comportamental e após a aprovação da diretoria, agendamento e aplicação do questionário. Logo feita a tabulação necessária e agendamento da entrevista individual para a apresentação dos resultados para cada membro da gerência.

Após as sessões de devolutivas, foi desenhado um treinamento de acordo as necessidades que os relatórios apresentaram. Sendo assim o trabalho objetivo, com o foco nos pontos-chave.

. **Execução:** foram aplicados questionários a todos os gerentes envolvidos e em seguida aplicada a devolutiva com cada membro da gerência, inclusive com a presidente da empresa, para que a mesma, conhecendo seu perfil, pudesse entender quais seriam os melhores caminhos para se comunicar com sua equipe. Após esta etapa foi desenvolvido um treinamento de 16 horas, com foco nas seguintes habilidades:

- Comunicação;
- Dar e receber *feedback*;
- Relacionamento interpessoal;
- Motivação;
- Foco no resultado;
- Trabalho em equipe.

. **Resultados:** aumento da sinergia entre os gerentes, aumento da motivação e, o principal, o aumento da percepção sobre a importância das mudanças organizacionais na empresa.

Todo esse processo tornou-se mais proveitoso devido ao conhecimento prévio de cada colaborador sobre seu perfil e consecutivamente seus pontos fortes e seus pontos a serem melhorados, sendo que todos esses pontos foram desenvolvidos durante o treinamento, chegando assim ao resultado esperado.

4.1 Estratégias de Apoio e Manutenção

A manutenção da Cultura Coaching na organização também é muito influenciada pelos trabalhos de *coaching* já realizados anteriormente com as lideranças. E. Wayne Hart (2003) apresenta seis estratégias que as organizações podem utilizar para a manutenção da Cultura Coaching.

1. Utilize coaches externos para desenvolver sua equipe. Associe sempre o trabalho desenvolvido pelos coaches a uma ação de enriquecimento da equipe e não há ações corretivas.
2. Procure criar um efeito cascata através do desenvolvimento (formal e informal) de coaches dentro da organização.
3. No ambiente organizacional, os conceitos de liderar e gerenciar devem ser compreendidos como sinônimos para modelar a prática e os comportamentos de coaching. Essa ação se tornará mais eficaz se aliada a trabalhos de educação continuada do departamento de recursos humanos.
4. Todos os programas de treinamento da organização devem convergir para a manutenção do comportamento coaching, reforçando o comportamento já adquirido através da Cultura Coaching.
5. Incorpore o comportamento do coaching como uma competência requerida/pré-determinada, associando-a a sistemas de premiação e incentivos.
6. Planeje, formalize e estruture ações a longo prazo que garantam a manutenção contínua da cultura ao invés de ações específicas.

As estratégias sugeridas aqui reforçam a ideia de que o melhor meio de manutenção da Cultura Coaching é garantir que ela esteja presente no cotidiano da organização e faça parte das ações dos colaboradores, tornando-se um hábito espontâneo.

É de salientar que a Cultura Coaching não pressupõe que todos os colaboradores façam e recebam coaching uns aos outros. Pressupõe que os princípios fundamentais já descritos (uma relação de confiança, não julgar os outros e não dar as respostas, mas ajudar a pensar) sejam assimilados no dia a dia da organização. E também que todos os colaboradores tenham pelo menos as quatro competências referidas bem desenvolvidas.

Para tal, dois fatores são fundamentais. Por um lado, formação específica e bem estruturada é fundamental. E por outro, a vontade de fazer acontecer no decorrer da execução desse modo de abordagem.

No início passará por ser um modo de fazer as coisas, para mais tarde se tornar num modo de ser, o que em si é muito mais potencializador e enriquecedor.

CAPÍTULO V
MUDANÇA DE CULTURA

"Para vencer, você precisa de grandes atletas, não importa quem seja o técnico. Você não pode vencer sem bons atletas, mas pode perder com eles. É aí que o técnico faz a diferença."
Lou Holt

Como abordado no início deste trabalho, a cultura organizacional nasce de hábitos, práticas discriminadas em regulamentos, preceitos de seus idealizadores e outros. Quando esses aspectos forem absorvidos pelos colaboradores, eles serão compartilhados entre os grupos disseminados com novos membros e assim se fortalecerá a cultura organizacional, sendo ela composta de comportamentos positivos e negativos.

Mudar a cultura de uma organização demanda grandes esforços. Um bom exemplo dessa assertiva é destacado por Chiavenato (2010), que menciona o trabalho de Lee Iacocca quando, em 1978, assumiu a presidência da Chysler Corp. e levou cinco anos para mudar a cultura da empresa, que era extremamente conservadora, para uma nova cultura orientada ao mercado.

Seu trabalho demonstra que as mudanças culturais podem ser mais fáceis de serem alcançadas quando a organização se encontra nas seguintes condições:

1. **Crises dramáticas:** crises financeiras, mudanças tecnológicas drásticas provocadas por grandes concorrentes e perda de clientes de peso.

2. **Modificações na liderança:** um novo líder vem de outra organização e é colocado em uma posição de grande influência, com o propósito de promover uma nova visão e influenciar o desenvolvimento de uma nova cultura.
3. **Organização pequena e jovem:** empresas jovens e pequenas administram com maior facilidade a cultura através dos processos de comunicação devido ao seu tamanho, pois, ao contrário das grandes organizações, nas pequenas quaisquer mudanças tendem a ser disseminadas de modo mais ágil.
4. **Cultura fraca:** uma organização com cultura fraca é mais fácil de ser mudada, pois os colaboradores não têm alto grau de comprometimento com os valores da organização e por isso se comprometeriam mais facilmente com a disseminação de uma nova cultura.

O autor sugere ainda que, caso a organização se encontre em uma das situações apresentadas acima, devem ser consideradas algumas sugestões para implantação de uma nova cultura:

1. A nova postura deve ser assumida pelos gestores, pois eles darão o ritmo para a conduta dos demais colaboradores.
2. Novas histórias, símbolos e rituais devem ser empregados a fim de substituir os atuais.
3. Apoiar os novos colaboradores na adoção dos novos valores.
4. Redefinir os processos de socialização e alinhá-los aos novos valores definidos pela organização.
5. Definir novos sistemas de recompensa para obter a aceitação dos novos valores.
6. Utilizar normas formais (escritas e comunicadas) para a substituição das "normas" informais já adotadas pelos membros da organização.

7. Transferir, dispensar ou gerar rotatividade entre os colaboradores para desestruturar as subculturas.
8. Aumentar os níveis de consciência do grupo através do incentivo à participação dos colaboradores nos processos de mudança, potencializando o nível de confiança dos mesmos.

É de suma importância compreender que esse processo não se dará de modo imediato ou drástico. A mudança da cultura organizacional é lenta, mas, quando realizada de modo consciente e com a participação dos grupos que compõem o todo, as chances de sucesso são grandes.

O processo de criação de uma Cultura Coaching deve ser estruturado estrategicamente, de forma a contextualizar todos os esforços e a canalizá-los para os fins desejados. Assim, há abordagens passo a passo que ajudam a construir essa cultura e, sobretudo, a vivenciá-la em seus pormenores, desde reuniões de equipe até sistemas de avaliação 360, passando por uma comunicação coerente e ligada à missão, à visão e aos valores da organização.

A gestão eficaz do coaching nas organizações é apontada como estratégia inicial para integrar o coaching com demais processos da organização, como gerenciamento de talentos e programas de desenvolvimento de liderança. Implementar a Cultura Coaching exige uma abordagem que favoreça a mudança.

Uma pesquisa realizada em 2008 pela organização sem fins lucrativos CCL – Center for Creative Leadership, aponta cinco principais estratégias sugeridas por líderes para atingir a implementação da Cultura Coaching de modo eficaz.

1. "Abasteça" a organização com líderes que possam ser vistos como exemplos/referências de comportamento Coaching.

2. Associe as ações de coaching aos resultados da organização. Desenvolva um modelo de competências com metas que promovam a Cultura Coaching.
3. A implantação da cultura faz parte das ações dos líderes e suas equipes. Os líderes indicam que, enquanto uma equipe passa pelo processo de coach, o dobro dela gostaria de conhecer o processo.
4. Reconheça e recompense o comportamento coaching. Destaque modelos e resultados positivos provindos do novo comportamento adotado.
5. Integre o coaching a outros processos de gestão de pessoas já adotados pela organização.

Outra forma de se levantar dados para a implantação de uma Cultura Coaching pode ser através dos questionamentos sobre a situação atual e o que esperamos para a construção de equipes bem-sucedidas, através de algumas indagações. Tais como:

1. Quem somos nós? Esta é a identificação do time. Quais esforços individuais e grupais requeridos pela atividade da equipe?
2. Por que estamos aqui? Esta é a orientação para a missão da equipe. Qual é a missão? Ela está clara? Há apoio adequado, motivação e engajamento dos membros? Ou resistência oculta? Quais as alternativas disponíveis para os membros que não desejam permanecer na equipe?
3. Como estamos orientando? É a criação de uma visão do futuro. Qual é a visão ou direcionamento para os próximos anos? Como a equipe imagina o futuro? Quais são as necessidades dos membros da equipe?
4. Quais as necessidades que deveremos atender? É o aclaramento dos objetivos. Quais são os principais objetivos?

5. Quais são os caminhos? É a aceitação do desafio. Quais são os obstáculos, barreiras ou desafios para alcançar os objetivos da equipe?
6. Como podemos fazê-lo? É a identificação da estratégia. Quais são os critérios para o sucesso no alcance da visão de futuro e objetivos?
7. O que fazer e como fazer? É a criação de um plano de ação. Quais ações devem ser tomadas para implementar a estratégia da equipe? Por quem? Quando?
8. No que acreditamos? É o levantamento de possíveis sabotadores. São as crenças limitantes ou fortalecedoras. Este pensamento é lógico? Qual é a evidência que você possui que não realizaremos no objetivo estabelecido?
9. O que foi feito, como e por quê? Avaliação do processo. Medir os resultados alcançados.
10. Excelente trabalho! Qual é o próximo? É a celebração e renovação. Os esforços individuais e grupais foram generosamente recompensados.

O objetivo desses questionamentos é levantar o maior número de informações para decidir qual a ferramenta mais adequada a utilizar.

Nessa etapa deve-se manter sempre a preocupação de ampliar a consciência dos envolvidos para que encontrem dentro de si mesmos a melhor resposta para essas perguntas. Esta é uma característica forte no processo de coaching - fazer a equipe compreender que precisa entrar em ação.

Wolk (2010, p.38) afirma que "as pessoas de empresas ou organizações vivem e convivem em contextos de altíssima pressão e com muito pouco tempo para refletir".

Esse tipo de atitude descrita pelo autor é aquela que faz com que as pessoas passem a operar em modo remoto, mediante tentativas e erros, aguardando a receita correta para agir, ao contrário de se autoquestionar sobre quais são as possibilidades atuais para realizar algo diferente do seu cotidiano, deixando assim de viver na ilusão de dias melhores e repetindo os mesmos comportamentos.

É por essa razão que o Coaching Executivo vem aprimorar o autoconhecimento e os bons relacionamentos, sempre desafiando o que o coachee tem de melhor.

Para Rodrigues e Burgo (2013, p.286), "o Coaching Organizacional aflora o potencial de cada indivíduo e equipe. As descobertas funcionam como catalisadores de possibilidades que contribuem para transformação e reprogramação do pensar e do agir".

Os autores afirmam ainda que o processo de Coaching Empresarial, além de muito utilizado, é estrategicamente bem pré-definido como uma metodologia de mudança organizacional em que a integração entre liderança, gestão e equipe se apresenta como primordial.

Também é imprescindível sempre destacar o modelo do processo, apresentando-o aos participantes e fazendo todos compreenderem que a mudança seja tão necessária quanto será saudável, especialmente quando todos congreguem do mesmo objetivo.

Certamente que todos terão de *Walk The Talk*, ou seja, aplicar o que é dito, sem exceção. Dependendo da vontade de pôr a máquina em funcionamento e do nível de organização, o processo de criação e vivência da Cultura Coaching pode ser implementado em pouco mais de um ano. O importante não é a duração da implementação, mas sim a manutenção dos resultados dessa implementação, que se querem vitalícios.

5 Implantação - Níveis estruturais da cultura coaching

O processo para implantação da Cultura Coaching proposta neste trabalho se dará pelo desenvolvimento de níveis neurológicos atrelados aos componentes da Cultura Organizacional para a implantação da Cultura Coaching.

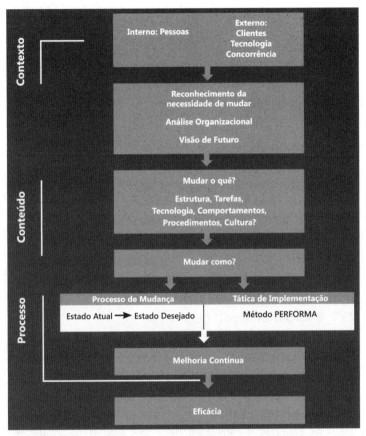

Figura 5. Modelo de mudança incremental. Fonte: NASCIMENTO (2013, p.59). Adaptado.

Para iniciar o processo de mudança apresentamos uma adaptação do modelo de mudança incremental. A adaptação do modelo foi proposta para tornar o processo mais assertivo no quesito mudanças, pois entendemos que seja de grande importância o aumento de percepção dos envolvidos, bem como a definição do foco. Dessa forma, o estado atual e o caminho até o estado desejado são monitorados durante todo o percurso, gerando assim um processo de autopercepção. E, ao contrário de congelar o processo inicialmente, fazemos uma análise em movimento, pois acreditamos que precisamos tirar o líder do campo.

Para apresentar o modelo de implantação proposto, descreveremos os níveis neurológicos desenvolvidos por Robert Dilts, com base no trabalho de Gregory Baterson, muito aplicado na programação neurolinguística.

Os níveis são apresentados como:

1. **Ambiente:** o "onde" e o "quando"

Este nível apresenta "ambiente" como o lugar, momento e as pessoas envolvidas. O'Connor (2011) afirma que, para ter sucesso em circunstâncias específicas ou com pessoas em particular, é necessário estar no lugar certo no momento certo.

2. **Comportamentos:** o "o quê"

O comportamento é o que determina as ações das pessoas e tende a ser mais complexo de mudar, pois está atrelado a outros níveis.

3. **Capacidade:** o "como"

A capacidade é um comportamento consistente, automático e habitual, incluindo habilidades físicas e estratégias de raciocínio. No ambiente organizacional ela se manifesta através dos procedimentos e processos administrativos.

4. **Crenças e Valores**: o "porquê"

As crenças guiam as ações, pois elas dão significado ao que fazemos. Os valores justificam o porquê das ações, mostram o que é importante para nós. No ambiente organizacional, os negócios são baseados nos valores da organização fazem parte da cultura do ambiente.

5. **Identidade:** o "quem"

O'Connor (p. 33, 2011) define a identidade como "o seu senso de si mesmo, as crenças e os valores essenciais que definem você e sua missão de vida". A identidade se constrói ao longo da vida e emerge dos outros níveis neurológicos. Na organização, a identidade é refletida pela Cultura Organizacional.

6. Além da identidade: conexão

A conexão corresponde ao âmbito da espiritualidade. Na organização, a conexão corresponde a como ela se conecta com o seu meio, com outras organizações e com a comunidade.

Figura 6. Níveis neurológicos. Fonte: O'CONNOR (2011)

Os níveis neurológicos se conectam entre si e influenciam uns aos outros. Eles são muito eficientes em situações em que se deseja modificar um ambiente específico, gerar atitudes, habilidades e crenças.

Dilts, ao desenhar a Pirâmide dos Níveis Neurológicos, quer reforçar a importância de cada nível e seu impacto sobre os outros, ou seja, não adianta manter o foco no problema, permanecendo no mesmo ambiente em que ele foi gerado.

A cada nível que subimos na pirâmide é possível ampliar o campo de visão e fazer novos questionamentos que irão nos permitir a fazer uma viagem ao centro do seu "EU", criando assim multiplicadores de ideias.

Uma célebre frase de Albert Einstein afirma que "os problemas significativos que enfrentamos não podem ser resolvidos no mesmo nível de pensamento em que estávamos quando os criamos". Ou seja, é preciso colocar-se em outro nível para observar a situação de outro ângulo, percebê-la por outro prisma, para então desenvolver uma solução.

5.1 Componentes da cultura organizacional

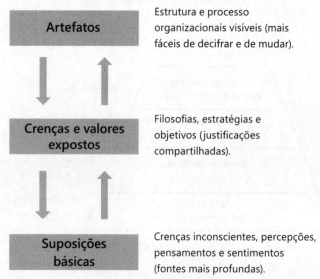

Figura 7. Os três níveis da cultura organizacional. Fonte: Schein (p. 24, 2009).

Ao analisar a cultura, é importante admitir que os artefatos são simples de observar, mas desafiadores de decifrar. E que as crenças e valores expostos podem refletir apenas realizações ou aspirações.

Segundo Schein, os artefatos são os elementos visíveis, o ambiente, linguagem, tecnologia, modos de se comunicar, hábitos observáveis e todos os elementos facilmente perceptíveis por aqueles que não fazem parte do grupo.

É importante destacar que, embora os artefatos sejam elementos identificáveis por pessoas que não fazem parte do grupo, eles não poderão ser executados ou refeitos por estes indivíduos, pois qualquer julgamento advindo apenas da observação dos artefatos tende a ser errônea, porque estará considerando apenas uma camada muito superficial do todo.

Os valores compartilhados são o resultado de alguma ação que tenha sido realizada, fundamentada em alguma crença ou valor de um membro da equipe, e que após seu acontecimento passa a ser compartilhado com todos.

No entanto Schein (2009, p. 26) afirma que "apenas as crenças e valores que podem ser empiricamente testados e que continuam a funcionar confiavelmente na solução dos problemas do grupo serão transformados em suposições". Ou seja, não deve ser vista como a regra a condição de que as crenças e os valores serão compartilhados mediante apenas das experiências do grupo, porém ela terá grande peso para a propagação desses elementos.

As suposições básicas são elementos que foram definidos como verdadeiros por um consenso do grupo e outras formas de comportamento no ambiente não serão bem vistas. As suposições tendem a não ser confrontadas e são muito difíceis de sofrer alteração, pois elas atingem partes estáveis da estrutura cognitiva do indivíduo, fazendo com que qualquer possível mudança cause alguma desestabilidade.

Para Schein (2009, p. 33), as suposições

> [...] frequentemente lidam com aspectos fundamentais da vida – a natureza do tempo e do espaço, a natureza humana e as atividades humanas, a natureza da verdade e como alguém

a descobre, a forma correta para o indivíduo e o grupo se relacionarem, a importância relativa do trabalho, da família e do autodesenvolvimento, o papel apropriado dos homens e das mulheres e a natureza da família.

Tal afirmação nos leva a reforçar que, embora a essência da cultura de um grupo seja seu padrão de suposições básicas, compartilhadas e assumidas como verdadeiras, ele manifestará no nível dos artefatos observáveis e das crenças e valores assumidos e compartilhados.

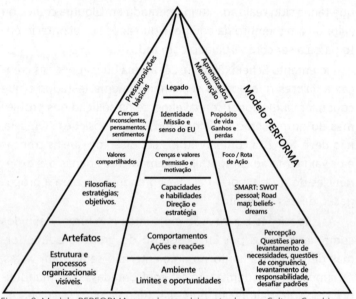

Figura 8. Modelo PERFORMA para desenvolvimento de uma Cultura Coaching.

A figura 8 ilustra a junção entre as fases da Cultura Organizacional de Schein (2009) e os Níveis Neurológicos de Dilts (1993), aliados à Metodologia PERFORMA (2014), utilizada em processos de coaching.

Esse modelo tem como finalidade apresentar uma forma mais assertiva de alcançar resultados em uma organização, utilizando ferramentas poderosas com objetivo de fazer os membros do time entenderem qual o estado atual da organização e desenharem o estado desejado.

É possível entender que os artefatos citados por Schein estejam ligados diretamente aos dois primeiros níveis da pirâmide de Dilts. No processo de mudança de cultura é necessário fazer o time entender que tal mudança é benéfica e para isso apresentamos uma forma de aumentar a percepção da equipe sobre os benefícios que serão conquistados com o envolvimento de todos. Assim, o sucesso da ação está garantido, pois, dessa forma, é possível fazer cada membro entender a congruência entre o discurso da mudança e o caminho a ser construído.

Até este momento estamos trabalhando com a parte visível do processo, ou seja, os comportamentos, buscando a ampliação da percepção sobre as mudanças necessárias, desafiando padrões e gerando uma alteração no status quo.

Após identificar o que se deseja desta organização, isto é, seu estado atual, é necessário reunir informações e compará-las com o estado desejado. Assim é possível determinar quais são os recursos necessários para atingir o novo estado.

Segundo Dilts (1993, p. 17), "Estado Atual (problema) + Recursos = Estado Desejado". Isso aponta a necessidade de compreender quais serão as estratégias a serem utilizadas para dar início ao novo objetivo. Muitas vezes, um fator limitante nessa jornada são as crenças limitantes desenvolvidas e compartilhadas pelos membros das equipes. É comum a alta gestão ser a primeira a não acreditar no processo da mudança, desencadeando um efeito cascata na estrutura organizacional.

Dilts (1993, p.24) afirma que "as crenças representam uma das estruturas mais importantes do comportamento. Quando realmente acreditamos em algo, nos comportamos de maneira congruente com essa crença". Nesse momento, é de responsabilidade da liderança sempre verificar se essa crença é "potencializadora" ou "limitante".

Nessa etapa se faz interessante utilizar uma poderosa ferramenta para desafiar as crenças "Beliefs - Dreams", sempre na busca de impulsionar as mudanças em prol de uma nova cultura mais encorajadora.

Na implantação desse modelo, em algumas organizações observamos que este é o ponto-chave para que ocorra a alteração do status quo, a identificação dos fatores limitantes. Reforçamos então os pontos fortes da equipe de forma individual e, como já foi definido anteriormente, o estado desejado da organização é feito um alinhamento dos níveis neurológicos.

O ponto máximo do projeto ocorre no momento em que a aceitação por todos de uma nova cultura e uma nova identidade, reforçada por crenças fortalecedoras e novas capacidades de entender a razão de toda a mudança, de fato acontece. Neste ponto, cada membro na função de comando já entendeu qual o seu legado e qual herança devem deixar para a sua equipe.

Para o sucesso total dessa fase, é imprescindível que a estrutura estratégica e tática da empresa passe por uma análise de perfil comportamental, em que será possível identificar as quatro dimensões do comportamento, tornando possível também a análise da capacidade de enfrentar os problemas e desafios, influenciar as outras pessoas, reagir ao ritmo dos acontecimentos à sua volta e como lidar com as regras e procedimentos estabelecidos pelos outros.

CONSIDERAÇÕES FINAIS

"É inútil desperdiçar a vida em um único caminho, especialmente se esse caminho não tiver coração. Antes de tomar um caminho, faça a seguinte pergunta: esse caminho tem coração? Se a resposta for não, você saberá, deverá escolher outro caminho. Um caminho sem coração jamais é agradável. Você terá que se esforçar muito até para iniciá-lo. Por outro lado, o caminho com o coração é fácil. Não o obriga a esforçar-se para dele gostar."

Carlos Castañeda

A velocidade das mudanças no mundo corporativo global tem tornado o cotidiano dos gestores cada vez mais desafiador para manter equipes engajadas e motivadas na busca de uma cultura forte, para que possam passar por todas as turbulências deste ambiente orientado a resultados.

Tal engajamento deve iniciar pela alta gestão para que toda a empresa entenda o processo de mudança e suporte a velocidade das mudanças, desenvolvendo uma Cultura Coaching, que tem como objetivo o desenvolvimento organizacional de forma sustentável, evitando situações de estresse desnecessárias para a equipe e para a empresa no todo, possibilitando um ambiente de prazer, elucidando a importância das mudanças.

Segundo Chiavenato (2012, p. 125), "a mudança organizacional e a revitalização estratégica dependem de líderes talentosos e de pessoas realmente preparadas e mobilizadas".

O objetivo deste projeto foi exatamente descrever como é possível implementar uma nova cultura nas empresas brasileiras, partindo de modelos existentes, desafiando o status quo das organizações, assim definindo o estado atual e construindo o estado desejado.

Ao longo das minhas pesquisas em obras literárias, bem como em trabalhos realizados em várias organizações, foi possível observar que as empresas possuem culturas baseadas em modelos antigos e enfraquecidos. E isso em uma era em que a liderança é cada vez mais considerada uma variável crítica para definir o sucesso ou o fracasso das organizações. Também foi possível observar e concluir como os líderes criam a cultura e como a cultura define e cria os líderes.

> As organizações estão permanentemente se defrontando, de modo contínuo e sistemático, com diversas variáveis que, se não adequadamente gerenciadas com efetividade (eficiência mais eficácia), colocam em risco a sua própria sobrevivência. Dentre elas podem ser destacadas: cidadania, meio ambiente, concorrência, cistos, lucros, qualidade, resultados e produtividade. (MEDEIROS FILHO, 2005).

A introdução da Cultura Coaching prepara seus líderes para a construção de um verdadeiro legado nas organizações, reforçando que a energia deve ser empenhada nas variáveis controláveis, pois a energia de cada pessoa é desprendida para onde seu foco esteja. Portanto, o objetivo é que toda a empresa entenda a importância de se buscar o ponto mais alto da pirâmide da Cultura Coaching.

Esta pesquisa analisou as propostas de grandes autoridades em Cultura Organizacional, como Edgar H. Schein e os níveis de cultura, em que o autor brilhantemente destaca os Artefatos como sendo a estrutura e processos organizacionais visíveis, porém difíceis de decifrar; as Crenças e Valores Expostos como as estratégias, metas e filosofias, e, por fim, as Suposições Básicas como sendo as crenças, percepções, pensamentos e sentimentos inconscientes, assumidos como verdadeiros.

Fazendo o alinhamento com os Níveis Neurológicos de Robert Dilts, que tem como base o estudo de seis níveis, sendo bastante útil ao se pensar em aprendizagem e mudanças, tomando o Ambiente como o lugar; os Comportamentos como o que fazemos; a Capacidade como nossas habilidades; as Crenças e valores como sendo os princípios que nos guiam; a Identidade como o nosso senso de si mesmo e, por fim, a nossa Conexão que questiona qual é o legado que está sendo deixado.

A proposta do projeto é de unir as duas teorias citadas aliadas à nova metodologia – PERFORMA – e utilizar diversas ferramentas de coaching, bem como a análise de perfil comportamental, para a implantação de um modelo de cultura que tem como base o estudo do coaching e seus benefícios.

É indispensável a utilização da análise de perfil comportamental para o início da implantação de uma Cultura Coaching, tendo em vista que o aprofundamento sobre si mesmo e o melhor entendimento do outro contribui para o aumento da percepção sobre as mudanças necessárias, afinal a pesquisa apresenta quatro dimensões do comportamento:

- Como enfrentar os problemas e desafios
- Como influenciar as outras pessoas
- Como reagir ao ritmo dos acontecimentos à sua volta
- Como lidar com as regras e procedimentos estabelecidos pelos outros

Utilizam-se ferramentas poderosas e perguntas desafiadoras, provocando a necessidade da mudança, pois esse processo faz o reverso às técnicas já mencionadas. O objetivo é que os membros da organização encontrem suas respostas dentro deles mesmos, fazendo-os entender que sempre que um desafio acontece será necessário subir um nível, ou seja, se o desafio na organização ocorreu no nível de ambiente ou nas estruturas organizacionais, é necessário analisar que tipos de crenças que estão impedindo a equipe de avançar, desafiando assim os limites naquele ambiente.

> As crenças representam uma das estruturas mais importantes do comportamento. Quando realmente acreditamos em algo, nos comportamos de maneira congruente com essa crença. Existem vários tipos de crenças que precisam estar no seu devido lugar para que as pessoas possam atingir o objetivo desejado. (DILTS, 1990, p. 24)

A implantação de uma Cultura Coaching perpassa por desafiar padrões limitantes dentro da organização, substituindo-os por crenças fortalecedoras, transformando-a em uma organização saudável e competitiva.

REFERÊNCIAS BIBLIOGRÁFICAS

ANDERSON, M; FRANKOVELGIA, C; HERNEZ, G. *Creating Coaching Cultures: What Business Leaders Expect and Strategies to Get There.* EUA: CCL - Center for Creative Leadership, 2008.

ARAUJO, L. C. G; GARCIA, A. A. *Gestão de pessoas.* São Paulo: Atlas, 2010.

ASSIS, E; MATTEU, D. *Coaching x consultoria: Descubra como acelerar os resultados organizacionais,* In MOCSÁNYI, D; SITA, M.(Coord.) *Consultoria Empresarial: os melhores consultores do Brasil apresentam casos práticos e seus benefícios após trabalhos profissionais notáveis.* São Paulo: Editora Ser Mais, 2013.

BARBIERI, U. F. *Gestão de pessoas nas organizações: práticas atuais sobre o RH estratégico.* São Paulo: Atlas, 2012.

BERNE, E. *O que você diz depois de dizer olá? A psicologia do destino.* São Paulo: Nobel, 1988.

BILHIM, J. A. F. Mudança Organizacional, in COSTA, S.G; VIEIRA, L; RODRIGUES, J.N. (org). *Gestão da Mudança: explorando o comportamento organizacional.* São Paulo: Atlas, 2010.

BLOCK, Peter. *Consultoria Infalível: Um guia prático, inspirador e estratégico.* São Paulo: MBooks, 2013.

CHIAVENATO, I. *Gestão de pessoas: o novo papel dos recursos humanos nas organizações.* Rio de Janeiro: Campus, 1999.

_____. *Comportamento organizacional.* 2ª ed. Rio de Janeiro: Elsevier, 2010.

_____. *Gestão de pessoas.* 3ed. Rio de Janeiro: Elsevier, 2010.

_____. *Construção de talentos: coaching & mentoring*. Rio de Janeiro: Elsevier, 2012.

CHOPRA, D. *A alma da liderança: desvendando seu potencial para a grandeza*. Rio de Janeiro: 2011.

_____. *As sete Leis espirituais do sucesso*. Rio de Janeiro: Bestbolso, 2010.

CORTELA, M. S. *Qual é a tua obra?: inquietações propositivas sobre gestão, liderança e ética*. 11ª ed. Rio de Janeiro: 2010.

COSTA, C, A J. *Visão, Missão e Valores pessoais: investir no autoconhecimento é essencial para buscar a felicidade e a evolução pessoal*, In SITA, M. (Coord.) *Felicidade 360°: todos os caminhos para ser feliz*. São Paulo: Ed. Ser Mais, 2013

COSTA, S. G; VIEIRA, L; RODRIGUES, J, N. (Coord.) *Gestão da mudança: explorando o comportamento organizacional*. São Paulo: Atlas, 2010.

DA MATTA, V; VICTORIA, F. *Executive coaching – livro de metodologia*. São Paulo: SBCOACHING, 2008.

DILTS, R. *Crenças: caminhos para a saúde e o bem-estar*. São Paulo: Summus, 1993.

FLEURY, M, T, L. *Cultura Organizacional – os modismos, as pesquisas, as intervenções: uma discussão metodológica*. Revista de administração de empresas. São Paulo, v.24, n.1, jan.

FLEURY, S. *Steve Jobs, Sócrates e Coaching: juntos e misturados*. Disponível em: <http://www.cloudcoaching.com.br/steve-jobs-socrates-e-coaching-juntos-e-misturados/post#.U_k_VPldX-s>. Acesso em: ago, 2014.

FLORENT-TREACY, E; KETS DE VRIES, M. F. R; KOROTOV, K. *Experiências e técnicas de coaching: a formação de lideres na prática*. Porto Alegre: Bookman, 2009.

FREAS, A; LYONS, L; GOLDSMITH, M. *Coaching, o exercício da liderança*. Rio de Janeiro: Elsevier, 2013.

GALLEY, W. T. *O jogo interior de tênis*. São Paulo: Texto novo, 1996.

GOLDSCHMIDT, A; ROCHA, T. *Gestão dos stakeholders*. São Paulo: Saraiva, 2010.

GOLDSMITH, M; LYONS, L; FREAS, A. *Coaching: O Exercício da Liderança*, Rio de Janeiro: 2003.

HANASHIRO, D, M,M; TEIXEIRA, M, L, M ;ZACCARELI, L,M; *Gestão do fator humano: uma visão do stakeholders* 2ª. ed. São Paulo: Saraiva, 2007.

HART, E. WAYNE. *Developing a Coaching Culture*. EUA: CCL - Center for Creative Leadership, 2003.

JESUS, T.G.S.; MATTEU, D. *O processo de Coaching Executivo e seus Benefícios para Organizações*. UNOPAR Cient., Ciênc. Juríd. Empres., Londrina, Mar. 2014.

JOÃO, M. *Colecção Storytelling para Coaching – Liderança*. Portugal: E-book, 2014.

KÜLKAMP, M; PEREIRA, M, F. *Planejamento estratégico: a contribuição da cultura organizacional para o processo de implementação da estratégia*. São Paulo: Atlas, 2013.

KUNSCH, M. M. K. *Planejamento de Relações Públicas na comunicação integrada*. 4. Ed. rev., atual. e ampl. São Paulo: Summus, 2003.

LAKATOS, E.M; MARCONI, M. A. *Técnicas de pesquisa: planejamento e execução de pesquisas, amostragens e técnicas de pesquisa, elaboração e análise e interpretação de dados*. 7ª ed. São Paulo: Atlas, 2011.

LOVISARO, D. *Como o coaching poderá lhe ajudar a experimentar mais satisfação pessoal?* In PERCIA, A; MATTEU, D; MARQUES, J. S; SITA, M. Master Coaches. São Paulo: Ser Mais, 2012.

MARCHIORI, M. *Comunicação interna: um fator estratégico no sucesso dos negócios. in: Marlene Marchiori (org.). Faces da Cultura e da Comunicação Organizacional*. 2ª. ed. São Caetano do Sul, SP: Difusão, 2008.

MARRAS, J. P. *Administração de recursos humanos: do operacional ao estratégico*. 14ª ed. São Paulo: Saraiva, 2011.

MARSTON, W. M. *As emoções das pessoas normais*. São Paulo: Success for You Editora, 2014.

MASCARENHAS, A. O. *Gestão estratégica de pessoas: evolução, teoria e crítica*. São Paulo: Cengage Learning, 2008.

MATTEU, D. NASCIMENTO, W, F. *Coaching como estratégia de desenvolvimento de equipes de Alto Desempenho*, In RIZZI, M, D; SITA, M.(Coord.) Equipes de Alto Desempenho: como recrutar, selecionar, treinar, motivar e dirigir equipes para superar. São Paulo: Editora Ser Mais, 2012.

MATTEU, D. NASCIMENTO, W, F. *Coaching como estratégia de desenvolvimento de equipes de Alto Desempenho*, In RIZZI, M, D; SITA, M.(Coord.) *Equipes de Alto Desempenho: como recrutar, selecionar, treinar, motivar e dirigir equipes para superar*. São Paulo: Editora Ser Mais, 2012.

MATTEU, D; SIGNORETTI, C. G. *Coaching como processo potencializador das múltiplas inteligências*. In SITA, Mauricio; OLIVARES, Inês C. (Coord.) *Manual das Múltiplas Inteligências*. São Paulo: Ser Mais, 2013.

MEDEIROS FILHO, B. C. *Revisitando a cultura organizacional – Instrumento de gestão das organizações de qualquer porte no limiar do 3° milênio*. São Paulo: UNIAL/CLD, 2005.

MIRAGE, Adriana. *Embarque Já! O mundo te espera: 11 segredos de uma mente global para potencializar sua vida pessoal e profissional*. Florida: Innomark, 2013.

NASCIMENTO, W. F. *Os benefícios do Coaching no processo de desenvolvimento organizacional* (dissertação de mestrado). USA. Florida Christian University, 2013.

NUNES, F; RETO, L. *Os determinantes da atitude face à mudança: o caso de uma mudança planejada numa instituição governamental de um país africano* in: COSTA, Silvia Generali da; VIEIRA, Leandro e RODRIGUES, Jorge Nascimento

(Org.). *Gestão da Mudança: explorando o comportamento organizacional.* São Paulo: Atlas, 2010.

O'CONNOR, Joseph; LAGES, Andrea. *O que é Coaching.* São Paulo: All Print, 2010.

_____.*Como o Coaching funciona: o guia essencial para a história prática do coaching eficaz.* Rio de Janeiro: Qualimark, 2010.

_____. *Treinando com a PNL: um recurso para administradores, instrutores e comunicadores.* São Paulo: Summus, 1996.

O'CONNOR, Joseph. *Manual de programação neurolinguística: PNL: um guia prático para alcançar os resultados que você quer.* Tradução de Carlos Henrique Trieschmann. Rio de Janeiro: Qualitymark, 2011.

PASSETO, N.S.V; MESADRI, F. E. *Comportamento organizacional: integrando conceitos da administração e da psicologia.* Curitiba: InterSaberes, 2012.

PIANARO, F. *Acupuntura organizacional: coaching no suporte do planejamento estratégico.* Curitiba: Fernando Leocadio Pianaro, 2013.

ROBBINS, Stephen Paul. *Fundamentos do comportamento organizacional.* São Paulo: Prentice Hall, 2004.

RODRIGUEZ, R; BURGO, R. *Coaching de produtividade e relações interpessoais, In PÉRCIA, A; SITA, M(coord) Coaching a Solução: Grandes gurus mostram os caminhos para vencer.* São Paulo: Editora Ser Mais, 2012.

SCHEIN, E. *Cultura organizacional e liderança.* São Paulo: Atlas, 2009.

SCHEIN, E. H. *Organization culture and leadership.* São Francisco: Jossey Bass, 1992.

SCHENEIDER, W. E. *Uma alternativa à reengenharia: um plano para fazer a cultura atual da sua empresa funcionar.* Rio de Janeiro: Record, 1996.

SOARES, M; B. *Conflitos culturais da contemporaneidade: multiculturalismo e direito Jornal Diritto brasiliano,* Itália, março/2012. Disponível em: http://www.diritto.it/docs/33243-conflitos-culturais-da-contemporaneidade-multiculturalismo-e-direito?page=1> Acesso em: setembro, 2014.

STAHEL, M. *Password: English dictionary for speakers of portuguese.* 4ª ed. São Paulo: Martins Fontes, 2010.

TZU, S. *A arte da guerra.* Porto Alegre: L&PM, 2008.

UNDERHILL, B. McANALLY, K. KORIATH, J. J. *Coaching executivo para resultados: guia definitivo para o desenvolvimento de líderes organizacionais.* São Paulo: Novo Século, 2010.

WHITMORE, J.S. *Coaching para performance: aprimorando pessoas, desempenhos e resultados: competências pessoais para profissionais.* Rio de Janeiro: Qualimark, 2010.

WOLK, L. *Coaching: a arte de soprar brasas em ação.* Rio de Janeiro: Qualimark, 2007.

SOBRE O AUTOR

Wilson Nascimento iniciou seus trabalhos em gestão de pessoas aos 18 anos quando ingressou na Força Área Brasileira, tendo a oportunidade de ver o regime militar de perto e como cada jovem recruta suportava a pressão da carreira Militar, bem como o regime autocrático imposto pelos comandantes.

Após a conclusão do seu período obrigatório de alistamento, ingressou na Polícia Militar do Estado de São Paulo, intensificando ainda mais suas habilidades em analisar comportamentos. Serviu em batalhões especializados, dentre eles o 1º e 2º Batalhão de Choque, onde teve a oportunidade de participar de cursos na área de controle de distúrbios civis.

Ou seja, a primeira fase da sua vida profissional sempre foi analisando o comportamento dos diversos tipos de pessoas, em momentos distintos e emoções diversas. Ao ponto de tomar a decisão de abandonar a carreira militar a qual atuou por 16 anos, sendo elogiado e condecorado, várias vezes, pelos seus atos de bravura e competência.

Toda esta experiência militar foi um grande impulsionador para o seu desenvolvimento em Gestão de Emoções. Iniciando assim sua vida acadêmica com Administração de Empresas e três pós-graduações, um Mestrado e um Doutorado na área de Business Administration nos Estados Unidos da América.

Atualmente a frente do Instituto de Alta Performance Humana, juntamente com seu sócio e amigo Prof. Douglas de Matteu Ph.D., com a missão de inovar, crescer, desenvolver e contribuir para a alta performance das pessoas e das organizações, de modo sistêmico e com foco na maximização dos resultados.

Acumula a vivência de palestras e treinamentos nos Estados Unidos, Egito e Japão, sempre voltado a Gestão de emoções.